O Poder Magnífico do Pensamento

RICARDO MAGALHÃES

O PODER MAGNÍFICO DO PENSAMENTO

A CONQUISTA DA AUTOCONFIANÇA ATRAVÉS DA TRANSFORMAÇÃO MENTAL

Inovação

Direção geral: Ricardo Magalhães
Projeto gráfico e diagramação: Agr Comunicação
Programação visual da capa: Renata Berti
Revisão: Angela Azevedo de Matos

Dados Internacionais de Catalogação na Publicação (CIP)
(Câmara Brasileira do Livro, SP, Brasil)

Magalhães, Ricardo
O Poder Magnífico do Pensamento: A Conquista da Autoconfiança Através da Transformação Mental / Ricardo Magalhães. – São Paulo: Inovação Projetos Editoriais, 2010

ISBN 978-85-86682-18-6

1. Autoconfiança 2. Espiritismo 3. Pensamento
I. Título.

97-5132 CDD–133.901

Índices para catálogo sistemático
1. Pensamento : Autodesenvolvimento 133.901

Inovação
inovação@agrcomunicacao.com

Sumário

Prefácio, 9

Apresentação, 11

1-As Formas e os Efeitos do Pensamento, 15

O homem é aquilo que pensa ser, 16

O pensamento projeta força modeladora e representativa, 19

2-O Nosso Poder de Criar, 29

Nada pode triunfar, melhorar, ser resolvido ou superado sem que haja perseverança, 30

A disciplina do pensamento é inegavelmente um fator primordial, 31

As atitudes e posturas de um homem, 36

Toda atitude mental negativa gera distúrbios, 41

3-Desenvolvendo Atitudes Positivas, 53

Não há distinção na criação divina; não existem seres criados à parte, somos iguais na essência, 54

4-Os cuidados e a Disciplina do Pensamento, 73

Os cuidados e a disciplina do pensamento são as linhas mestras da ascensão gradual do progresso e do bem-estar, 75

É preciso conhecer, crer raciocinadamente nas leis universais, estudá-las, 84

5-A Construção da Autoconfiança, 93

É pela vontade que movimentamos todas as potências internas de nosso ser, 96

Procuremos nunca estar envolvidos em promessas e metas que não saiam senão "da boca para fora", 102

É a consciência de nossa natureza íntima, de nossa unidade em Deus, que promove nossa mudança, 103

Não há assunto mais importante que o estudo do pensamento, seus poderes e ação. É a causa inicial de nossa elevação ou de nosso rebaixamento (...)

Léon Denis

(Trecho do livro "O Problema do Ser do Destino e da Dor"

17a. edição - FEB - 1993 - Página, 355)

Prefácio

Pede-me você, generosamente, minha opinião sobre o seu livro, O *Poder Magnífico do Pensamento*. O assunto é complexo e difícil de ser abordado, mas você conseguiu, num livro de apenas 112 páginas, resumir o que há de mais útil a respeito do pensamento, destinando-o ao grande público, sem pretender fazer ciência, nem voar em altas dissertações filosóficas. Pretende tirar conclusões para vida de cada um, dando ao livro um caráter de aconselhamento e alerta.

Sua redação é muito boa, clara, com frases curtas, sem erros gramaticais. Vai direto aos assuntos... Em resumo, livro muito bom, focalizando mais o aspecto mental e moral da vida, com conselhos oportunos, devendo ser lido e refletido por todos com atenção e carinho.

Ary Lex

Médico ex-Diretor Executivo do Hospital das Clínicas de São Paulo Autor de "Biologia Educacional" e "Hérnias" livros adotados em Faculdades de Medicina de todo o país.

Apresentação

Há no homem uma força poderosa na qual tudo se expande e se liga ao Universo. Esta força é o pensamento, agente constitutivo dos seres inteligentes.

É pelo controle desta potência inexorável, que habita em nós, que desenvolvemos a fé raciocinada e encontramos esperanças duradouras e resoluções acertadas para os problemas da vida.

Só através do estudo sério, minucioso e tenaz do pensamento é que o Ser compreenderá, de fato, que a lei de Justiça preside a todas as coisas e que não há efeito sem causa, vitória sem luta, conquistas sem duros esforços, mas acima de tudo, compreenderá que o Pai jamais abandona seus filhos; proporciona-lhes os devidos recursos que os levam à necessária renovação.

Desse modo, lentamente, a Humanidade caminha passo a passo para sua libertação.

Amigo leitor, é pelo cultivo íntimo e pela valorização de nossas forças ocultas que alcançaremos o bem-estar e a nossa liberdade.

Posto isto, são os obstáculos naturais do crescimento humano e os problemas acumulados por nós mesmos na nossa caminhada que nos obrigam, por assim dizer, a utilizar os recursos e as forças latentes em nós. Deus não resolve as dificuldades por nós, Ele nos possibilita os meios para resolvê-las.

Assim, com o pensamento controlado e dirigido para o bem, todas as dificuldades materiais e interiores serão superadas. Somos seres solidários; libertando-nos das ilusões e da ignorância, cada um de nós libertará seu semelhante.

Façamos, pois, a nossa parte, estudemos o pensamento e ajudemos os outros a estudá-lo, assim estaremos efetivamente construindo dia-a-dia a nossa própria felicidade na vida íntima e coletiva, através do poder magnífico do pensamento.

Ricardo Magalhães

1

As formas e os efeitos do pensamento

"O pensamento produz uma espécie de efeito físico, que reage sobre o moral (...). Quando se diz que um médico cura seu paciente com boas palavras, estamos expondo uma verdade absoluta, pois o pensamento benfazejo traz consigo fluidos reparadores que atuam sobre o físico tanto como sobre o moral."

(Allan Kardec - A Gênese, cap. XIV, item 20.)

O estudo racional e meticuloso do pensamento é fundamental e indispensável para que o homem consiga transformar-se interiormente; sem isso, caminha desordenadamente no terreno da ignorância e do erro. O pensamento é o agente modelador de nossos atos, é ele o veículo principal que nos conduz aos resultados; ou seja, todo pensamento tem o poder de realizar em nós e para nós (o que não é a mesma coisa) condições favoráveis às conquistas no campo profissional, social e moral, não só para o equilíbrio físico-psíquico, mas também, para o contrário. É pelo pensamento que criamos imagens fluídicas com as quais passamos a agir e reagir, contra ou a nosso favor. E isso em todos os sentidos.

O homem é aquilo que pensa ser, com a condição de pensar tenazmente colocando a sua vontade em ação.

Infelizmente, muitas pessoas, que se dizem conscientes desta realidade, agem contrariamente ao que dizem; emitindo ondas de pensamentos deletérios, caminham para resultados negativos; e o que é pior, formam em torno de si condições altamente prejudiciais de desarmonia físico-espiritual, facilitando as influências externas, por vezes perniciosas. O homem é aquilo que pensa ser, com a condição de pensar tenazmente colocando a sua vontade em ação.

Lembremo-nos de Jesus quando afirmou – *Deus está em vós – vós sois deuses*. Asseverando, Ele acrescentou – *podeis fazer o que eu faço e muito mais...*

No livro "O Consolador"[1] psicografado por Chico Xavier, Emmanuel lembra com muita firmeza este

[1] 16a. edição FEB - 1993

fato. Observemos um trecho da resposta obtida com a pergunta de número 302 da obra citada:

"Como compreender a afirmativa de Jesus aos Judeus: – "Sois deuses"?

– Em todo homem repousa a partícula da divindade do Criador, com a qual pode a criatura terrestre participar dos poderes sagrados da Criação. O Espírito encarnado ainda não ponderou devidamente o conjunto de possibilidades divinas guardadas em suas mãos, dons sagrados tantas vezes convertidos em elementos de ruína e destruição."

Indubitavelmente os poderes e ações do pensamento, quando bem planejado e benfazejo, constroem em nós com a sua prática contínua, a autoconfiança e a disposição para o que é belo e bom, pois o homem, diz Léon Denis, só é grande, só tem valor pelo seu pensamento; por ele suas obras irradiam e se perpetuam através dos séculos.[1]

Entretanto, é imperioso ter sempre harmonia entre o pensamento e a ação porque, quando não se observa este procedimento – que é uma conduta

[1] "O Problema do Ser do Destino e da Dor" - Publicação FEB - 17a. edição - Página 355 - 1993

de vigilância necessária, as ações normalmente não condizem com o que se pensa, havendo assim um choque que acaba em desequilíbrio tanto físico quanto psíquico.

É preciso, antes de tudo, aprendermos a dominar o pensamento, a fiscalizá-lo constante e disciplinadamente, dirigindo-o para um ponto seguro e digno.

Deste modo, as ações precisam estar em comunhão com os pensamentos porquanto os desajustes de toda ordem têm, em grande parte, suas origens na contrariedade deste conjunto cujas partes não podem trabalhar em sentido oposto.

Haja vista que ninguém continuará sendo bom tão somente pela ação, sem o ser, sobretudo pelo pensamento. Quando pensamos, exteriorizamos de nós vibrações, e, num processo natural de causa e efeito, lançamos no espaço ondas de forças plásmicas que possuem formas e propósitos e, sob o mesmo processo natural (ação e reação), retornam à sua origem.

Em pesquisas realizadas a este respeito, tivemos a oportunidade de colher, em algumas das obras psicografadas por Francisco Cândido Xavier, através do Espírito de André Luiz, muitas informações de real valor em torno do assunto.

Assim, procuraremos, no contexto deste simples trabalho, inseri-las oportunamente.

Antes, porém, gostaríamos de nos atermos um pouco às "formas do pensamento", lembrando um dos mais ilustres pensadores e cientistas italianos, Ernesto Bozzano (1861-1943) que desenvolveu um trabalho profundo de pesquisa sobre o tema.

O pensamento projeta força modeladora e representativa que é percebida por sua forma alegórica bem como pelo estado emocional do pensador.

As informações a seguir, são de tão grande importância que não podemos deixar de as citar, objetivando não só a nossa compreensão racional sobre *o poder magnífico do pensamento*, mas sobretudo, a conscientização de sua prática benfazeja e fiscalizada, como combustível insubstituível à conquista da autoconfiança e do bem-estar.

E. Bozzano em seu livro "Pensamento e Vontade"[1], esclarece que os magnetizadores já observavam nos

[1] 8ª. edição FEB - 1993

sonâmbulos clarividentes a percepção não só do pensamento das pessoas com quem se punham em relação, sobre forma de imagens geralmente localizadas no cérebro, como também, eventualmente, fora dele...

Enfatiza também: *Os teósofos, que têm sempre muitas observações a respeito das "formas do pensamento", afirmam, apoiados em declarações de seus videntes – entre eles Annie Besant e Leadbeater, que as ditas "formas do pensamento"* (em concordância com os magnetizadores) *não se restringem às imagens de pessoas e coisas, mas atingem as concepções abstratas, as aspirações do sentimento, os desejos passionais, que revestem formas características e estranhamente simbólicas.*[1]

Como acabamos de observar, o pensamento projeta força modeladora e representativa que é percebida por sua forma alegórica bem como pelo estado emocional do pensador. Não se consegue esconder os pensamentos.[2]

---

[1] 8ª. edição FEB - 1993 - Páginas: 19, 20 e 21

[2] Allan Kardec em o "O Livro dos Espíritos" pergunta: Q. 456 - Os Espíritos vêem tudo o que fazemos? – Podem vê-lo, (respondem as Vozes do Alto ao Codificador) pois estais incessantemente rodeados por eles...
Q. 457 - Os Espíritos podem conhecer os nossos pensamentos mais secretos? – Conhecem, muitas vezes, aquilo que desejaríeis ocultar a vós mesmos; nem atos, nem pensamentos podem ser dissimulados para eles.
Q. 457.A - Assim sendo, pareceria mais fácil ocultar-se uma coisa a uma pessoa viva, pois não o podemos fazer a essa mesma pessoa depois de morta? – Certamente, pois, quando vos julgais bem escondidos, tendes muitas vezes ao vosso lado uma multidão de Espíritos que vos vêem.

Com isso, vale lembrar Léon Denis: *É por isso que a missão dos obreiros do pensamento é ao mesmo tempo grande, temível e sagrada. É grande e sagrada, porque o pensamento dissipa as sombras do caminho, resolve os enigmas da vida e traça o caminho da Humanidade; é sua chama que aquece as almas e ilumina os desertos da existência. É temível, porque seus efeitos são poderosos tanto para a descida como para a ascensão.*[1]

O autor de "Pensamento e Vontade", Ernesto Bozzano, resume um trecho de declarações contidas no livro "Thought-formes" de Annie Besant e Leadbeater para mostrar uma comparação harmônica com a de outros sensitivos clarividentes.

Vamos observar alguns trechos das declarações:

"Todo pensamento cria uma série de vibrações na substância do corpo mental, correspondentes à natureza do mesmo pensamento, e que se combinam em maravilhoso jogo de cores, tal como se dá com as gotículas de água desprendidas de uma cascata, quando atravessadas pelo raio solar,

---

[1] "O Problema do Ser do Destino e da Dor" - 17a. Edição FEB -1993 - Página, 349.

apenas com a diferença de maior vivacidade e delicadeza de tons.

O "corpo mental", graças ao impulso do pensamento, exterioriza uma fração de si mesmo, que toma forma correspondente à intensidade vibratória (...)

Ora, este estado vibratório da fração exteriorizada do "corpo mental", tem a propriedade de atrair a si, no meio etérico, substância sublimada análoga à sua.

Assim é que se produz uma "forma pensamento", que é, de certo modo, uma entidade animada de intensa atividade, a gravitar em torno do pensamento gerador...

Se este pensamento implica uma aspiração pessoal de quem o formulou – tal como se dá com a maioria dos pensamentos – volteia, então, ao derredor do seu criador, pronto sempre a reagir benéfica ou maleficamente, cada vez que o sinta em condições passivas. (...)

A usura, a ambição, a avidez produzem formas retorcidas como que dispostas a apreender o cobiçado objeto.

O pensamento, preocupado com a resolução de um problema, produz filamentos espirais.

Os sentimentos endereçados a outrem sejam de ódio ou de afeição, originam "formas-pensamentos" semelhantes aos projéteis.

A cólera, por exemplo, assemelha-se ao zigue-zague do raio, o medo provoca jactos de substância pardacenta, quais salpicos de lama."

E assim, segue nesse sentido...

As declarações que acabamos de ler confirmam-nos que todo pensamento (sem exceção) tem vida própria e projeta forças eletromagnéticas de diversas formas no ambiente físico e extra-físico.

Posto isto, para melhor vivermos e convivermos com os nossos semelhantes é indispensável a reflexão cuidadosa, o planejamento acertado, ou seja, a fiscalização tanto dos pensamentos quanto os dos atos como condição básica para a paz íntima.

Se somos o que pensamos e queremos ser, *segundo a nossa tenacidade e disciplina*, o bem-estar e a autoconfiança só mesmo dependem de cada um de nós. Somos uma centelha do Poder Supremo, portanto, uma centelha divina.

Acreditemos em nossas potencialidades e jamais duvidemos delas.

Para concluirmos este capítulo, selecionamos alguns trechos de outro livro de Ernesto Bozzano, onde o autor transcreve depoimentos significativos de um Espírito-guia que nos mostra a grande responsabilidade de todos nós com este atributo universal, pois é com o pensamento que transmitimos os nossos sentimentos bons ou maus para as mentes dos encarnados e desencarnados.

Precisamos estar atentos com a nossa conduta mental e com os nossos comportamentos diários.

Vejamos alguns trechos dos depoimentos:

"(...) Quase sempre, vemo-nos tais quais fomos, do berço ao túmulo. Não me é possível dizer-te como isso se produz; (pondera o Espírito-guia) porém, a razão do fato reside numa circunstância natural da existência terrena, durante a qual toda ação que executamos, todo pensamento que formulamos, quer para o bem, quer para o mal, fica registrado indelevelmente no éter vitalizado que nos impregna o organismo. Trata-se, em suma, de um processo fotográfico; com isto imprimimos e fixamos vibrações no éter e este processo começa desde o nosso nascimento."

No decorrer do mesmo depoimento, o guia espiritual notifica a declaração de um espírito recém desencarnado:

"Observa ele:

– *Eu podia ver o que pensavam os meus camaradas.*"

E o Espírito-guia esclarece:

"O fato se dá, porque, na vida espiritual, a transmissão do pensamento é a forma normal de conversação entre os Espíritos; depois, porque muitos pensamentos se exteriorizam da fronte daquele que os formula, revestindo formas concretas, correspondentes à idéia pensada, formas que todos os Espíritos percebem..."

Ernesto Bozzano, um pouco mais adiante, dá outras informações. Eis dois pequenos trechos onde ele narra:

"O Espírito começou assim:

(...) De fato, se é certo que com a morte, cessam necessariamente todas as relações entre os Espíritos desencarnados e o organismo físico dos vivos, em compensação os Espíritos dos defuntos se tornam extremamente sensíveis às vibrações dos pensamentos das pessoas que lhes são caras.

(...) a aparência de serenidade nos corações e nos semblantes das pessoas que nos são caras emite vibrações luminosas que nos atraem, como, à noite, a luz atrai a borboleta. Por outro lado, a mágoa dá lugar a vibrações sombrias e prejudiciais a nós outros, vibrações que tomam o aspecto de tenebrosa nuvem a envolver aqueles a quem amamos. (...)"[1]

Assim seguem as explicações...

---

[1] "A Crise da Morte" 17ª. edição FEB - 1990 - Páginas: 65, 66 e 95

Caro leitor, todo pensamento traz em si forças transformadoras de ação e reação, e, a maneira mais segura e eficaz de nos dirigirmos para o que é belo e bom, obtendo da vida o que ela tem de melhor é, verdadeiramente cuidarmos de nossa situação mental; fora disso, caminhamos a passos desordenados, sem rumo certo, à mercê da acomodação e das promessas.

Sabemos que somos possuidores do livre-arbítrio, temos a opção de escolha. Isso nos faz lembrar que, *toda semeadura é livre, mas a colheita é obrigatória*. Desse modo, cuidemos constantemente de nossos pensamentos, de nossos sentimentos, de nossos atos, pois, ser-nos-á possível melhorar, se, de fato, mudarmos nossa postura mental.

Em suma, colheremos invariavelmente na vida (presente e futura) os reflexos saudáveis ou pestilentos, luminosos ou sombrios, nada mais, nada menos que, os resultados de nossas próprias criações mentais, *presentes e passadas*.

Jamais nos esqueçamos de que, o hoje é filho do ontem e o pai do amanhã.

Recordemos mais uma vez o que disse Jesus: Vós sois deuses – Deus está em vós...

O pensamento benfazejo é a nossa maior força. É por ele que nos aproximamos de Deus – o nosso Supremo Criador. Acreditemos nEle transformando-nos em refletores, onde a luz de Sua Força possa, em nós e fora de nós, repercutir formas sempre luminosas para produzir efeitos salutares de eterna harmonia.

2

O nosso poder de criar

"É certo que, no bom sentido, a confiança nas próprias forças torna-nos capazes de realizar coisas materiais que não podemos fazer quando duvidamos de nós mesmos.(...)
Se todas as criaturas encarnadas estivessem suficientemente persuadidas da força que trazem consigo e se quisessem pôr a sua vontade a serviço dessa força, seriam capazes de realizar o que, até hoje, chamais de prodígios e que não é simplesmente senão um desenvolvimento das faculdades humanas" (Allan Kardec - *O Evangelho Segundo O Espiritismo, cap. XIX, Item 2 e 12.*)

Todos nós, seres humanos, espíritos encarnados, num processo natural de crescimento, buscamos obter o sucesso de nossos intentos, através do trabalho digno e o bem-estar interior através das conquistas morais e espirituais. E, não poucas vezes, nessa busca diária, cometemos muitos erros e deslizes como se ignorássemos certos conceitos fundamentais. O que muitos irrefletidamente insistem em chamar de "sorte" não é outra coisa senão estar preparado, atento, à espreita para perceber a oportunidade quando ela chega, aproveitando-a da melhor maneira. Posto isto, a dinâmica do sucesso e do bem-estar é na verdade o simples fato de estarmos preparados para as oportunidades. É, em outras palavras, a disposição e a autoconfiança em si mesmo, colocando-se positivamente perante a vida. É aprender a observar nos problemas e obstáculos não só o aspecto negativo, mas sobretudo o lado positivo no que concerne ao aprendizado e à própria experiência que cada situação difícil (segundo a nossa visão) oferece como resultado benéfico.

Nada pode triunfar, melhorar, ser resolvido ou superado sem que haja perseverança, luta, pensamentos inteligentes e equilibrados.

Faz-se sempre necessário termos a consciência de que nada pode triunfar, melhorar, ser resolvido ou superado sem que haja perseverança, luta, pensamentos inteligentes e equilibrados. Grande número de pessoas, por não observar este fato, acabam se abatendo; desencorajadas, desistem facilmente da luta antes mesmo de serem coroadas pelo sucesso de seus esforços.

Herbert Hoover exprimiu-se com um raciocínio plausível quando disse: “Muitas vezes a distância entre o sucesso e o fracasso não é maior que a espessura de uma linha.”

A disciplina do pensamento é inegavelmente um fator primordial, indispensável para obtermos sempre a melhor solução.

Efetivamente, para alcançarmos os nossos objetivos nobres e conquistarmos a autoconfiança, é imprescindível mantermos constantemente pensamentos sadios, tranquilos, confiantes e sobretudo fiscalizados, ou seja, procurando discipliná-los de maneira que, diante de problemas e obstáculos, nos habituemos à prática da pré-avaliação.

A disciplina do pensamento é inegavelmente um fator primordial, indispensável para obtermos sempre a melhor solução; mesmo que a dificuldade nos pareça a princípio insolúvel.

Trabalhemos em nosso favor; esforcemo-nos para mantermos uma postura mental equilibrada, vigiada; nós só temos a ganhar. Eis a disciplina de pensamento. Aliás, vale lembrar que a força mental impulsionada pela vontade edificante (como já observamos) tem o poder de realizar maravilhas, o que não acontece se duvidarmos dela.

O que muitos antigamente consideravam milagres, na realidade, não passam de um desenvolvimento das faculdades prodigiosas intrínsecas ao ser humano.

A propósito, Carlos Toledo Rizzini (Membro da Academia Brasileira de Ciência) diz que *certas pessoas*, que fazem uso das forças do pensamento, *igualmente avançados, denotam a capacidade de modificar* (até) *o comportamento de suas plantas cultivadas tão só expressando os seus desejos de que cresçam melhor.* E relata: *A eminente médium-vidente e curadora da igreja de Monte Washington (Estados Unidos), Olga Worrall, certa feita, querendo levar algumas cristas-de-galo imaturas a uma exposição de flores, pediu-lhes gentilmente que crescessem mais uns 2 cm até o dia seguinte. Ora, para espanto do esposo, ao nascer o novo dia as inflorescências estavam 25 mm maiores e ela obteve o primeiro lugar...*

O ilustre cientista ainda afiança: *Pode, portanto, assegurar-se o leitor de que o poder do pensamento é capaz de muito mais do que tão só curar o próprio organismo ou fazê-lo adoecer.* E reforça: *A fé e a oração* (que é o pensamento elevado) *ampliam o poder construtivo e, às vezes, até a ação negativa (impeditiva).*

Sobre os estados mentais destrutivos e as perniciosas influências externas, ele enfatiza: *Realmente, uma idéia fica dias e dias armazenada na mente e num dado momento emerge para obter realização, pondo o indivíduo em atividade – sem que ele saiba como e porque entrou em ação! Assim sucede, na vida diária, com os nossos impulsos, que são também forças inconscientes que pressionam o consciente para nos obrigar a fazer algo: fugir de uma situação, ofender a alguém, furtar um objeto, etc.(...) Este é o caso do assassino que explicou às autoridades: "Estava sempre ouvindo dizer: "Mata! Mata!" e, afinal, não pude resistir mais e cedi". É também assim a sugestão de uma doença; surge no cérebro do obsedado* (influências do pensamento externo) *a idéia de que está com câncer do pulmão e ele gasta um dinheirão para convencer-se do contrário...*[1] Assim é em muitos aspectos da nossa vida.

---

[1] Evolução Para o Terceiro Milênio - 11ª. edição Edicel - 1994 - Páginas: 75, 81 e 232.

Para ilustrar essa realidade, lembramos de uma história clássica contada por Napoleon Hill do homem que se dá por vencido antes do tempo. A lição inerente à história nos permite observações importantes no que diz respeito à superação de obstáculos, tão comum na vida diária e da perseverança que todos nós devemos e precisamos ter na luta da própria transformação interior com vistas a um futuro melhor. Vamos à história...

Um indivíduo chamado Derdy foi para o Oeste dos Estados Unidos e descobriu uma mina de ouro. Trabalhando vários meses com pá e picareta, chegou à conclusão de que não era o modo certo e rápido de escavar o solo. Resolveu, então, cobrir os buracos que havia feito, marcando-os com estacas e voltar para o Leste, solicitar recursos financeiros para a compra do equipamento adequado. Derby procurou seus amigos e parentes e explicou que, se os mesmos se associassem a ele na compra de máquinas apropriadas no trabalho da mina, teriam de volta em pouco tempo o capital empregado e o empreendimento seria um sucesso. Assim, diante do entusiasmo de Derby e face à necessidade real do maquinário adequado para que tal meta obtivesse o êxito esperado, os amigos concordaram. Tudo foi providenciado. As máquinas foram compradas e enviadas às minas e o trabalho iniciado. Tal como tinha previsto Derby, a mina começou a produzir muito ouro, levando-o a saldar todo empréstimo contraído. Entretanto, após isso, quitadas as dívidas e logo que começou a ter rendimento, a mina parou de produzir. Derby não pensou duas vezes e disse: *Seja o que Deus quiser*! Argumentando que não tinha mais motivos para permanecer ali, procurou um comprador de coisas usadas e vendeu as máquinas como sucatas oferecendo também o terreno a preço de bagatela e regressou ao Leste. O novo comprador, querendo certificar-se da esterilidade da terra, contratou os serviços de um engenheiro. Após um estudo completo, o engenheiro apresentou o relatório...

Agora, perguntamos nós, tal como perguntou Napoleon Hill: *que vocês acham que este relatório dizia?*

Isso mesmo... *que o dono teria que escavar apenas mais um metro para encontrar o segundo veio do rico mineral.*

As atitudes e posturas de um homem bem como os resultados de suas investidas são reflexos de seu estado mental.

Assim fez o atual proprietário. Pôs-se a trabalhar com as suas máquinas escavando mais um metro que precisava, e, como tinha previsto o engenheiro, encontrou novamente o ouro.

Alguns, diante desse quadro dirão: *isso é que é ter "sorte"...*

Na verdade, o que aconteceu é que, o comprador ao realizar o negócio, mesmo sabendo do abandono do vendedor alegando infertilidade da terra, não hesitou em contratar os serviços de um profissional no assunto obtendo como era de se esperar, um resultado positivo; o mesmo que poderia obter Derby se não tivesse facilmente desistido de seu trabalho. As atitudes e posturas de um homem bem como os resultados de suas investidas são reflexos de seu estado mental.

Derby, de volta ao Leste, quase ficou louco quando soube do que acontecerá em "sua mina".

Entretanto, passaram-se alguns anos e Derby, refeito do acontecido, iniciou outro negócio.

Um fato muito positivo aconteceu: com a experiência que adquiriu com o caso, tormou-se mais vigilante e cuidadoso; quando algo não ía muito bem, ou, quando se sentia desanimado, logo pensava: *Alto lá, Derby, espere um pouco mais. Pode ser que a solução do "suposto problema" esteja apenas a um metro de distância!* Com sua espantosa e difícil experiência, mas já possuidor de uma nova visão, Derby chegou a ser um homem bem sucedido em outro negócio.

Posto isto, reportamo-nos a Allan Kardec em o livro "O Evangelho Segundo o Espiritismo" que, sob as instruções dos Espíritos nos evidencia:

"A fé é humana ou divina, segundo a aplicação que o homem der às suas faculdades, em relação às necessidades terrenas ou às suas realizações celestes e futuras. O homem de gênio, que persegue a realização de um grande empreendimento, triunfa se tem fé, porque sente em si mesmo que pode e deve triunfar, e essa certeza íntima dá-lhe uma extraordinária força."[1]

Moral da história: Nunca devemos tomar atitudes precipitadas. Em hipótese alguma. Devemos sim, conhecer o problema, estudá-lo minuciosamente, buscar com o pensamento tranquilo, baseado na fé raciocinada, a resolução acertada ou até mesmo a aceitação daquilo que não se pode mudar.

Façamos de um limão uma limonada...

O que, às vezes, nos parecem dificuldades ou impedimentos são em grande parte, oportunidades ou experiências positivas que nos fazem melhorar obtendo, com as atitudes mentais equilibradas, resultados satisfatórios.

Um dos mais notáveis pensadores deste século, o doutor em medicina e filósofo William James disse:

---

[1] ESE - Capítulo XIX, item 12

"Muitas das coisas que consideramos como mal, podem ser convertidas, freqüentemente, num tônico bom e revigorante, bastando unicamente, para isso, que se transforme uma atitude interior de medo numa atitude de luta."

Muitas pessoas, às vezes, ignorando estes simples conceitos – *valiosíssimos* – deixam de usar, inconscientemente as suas capacidades interiores, além de se posicionarem negativamente frente à luta diária, neutralizando por assim dizer, os resultados que poderiam beneficiá-las – quer para as conquistas no campo profissional e social, quer para as conquistas moral e espiritual. Prova disso é o nosso dia-a-dia.

O pensamento é produção de atitudes e situações boas ou más. É questão de lógica, de bom senso, de raciocínio...

Emmanuel é categórico em afirmar:

"Nossas atitudes e atos criam atitudes e atos do mesmo teor em quantos nos rodeiam porquanto aquilo que fizemos atinge o domínio da observação alheia, interferindo no centro de elaboração das forças mentais de nossos semelhantes.

Nas origens de nossas determinações, porém, reside a idéia."

E finaliza convicto: "Pensamento é fermentação espiritual. Em primeiro lugar estabelece atitudes, em segundo gera hábitos e, depois, governa expressões e palavras, através das quais a individualidade influencia na vida e no mundo."[1]

Não são nem os problemas gerados por nossas imprevidências nem os obstáculos naturais do crescimento humano, nem tampouco as situações inesperadas ou inevitáveis que tiram a nossa capacidade de resolução e o nosso equilíbrio pessoal. Não! Não mesmo! O que na verdade nos distancia das soluções inteligentes e da própria superação das tribulações do caminho, é, justamente – e não poderia ser diferente – o *desequilíbrio* que gera a revolta, causando a intranquilidade, a insegurança e o medo, o que é muito pior.

Lembremo-nos, amigo leitor, de algumas linhas despretensiosas do livro de nossa autoria "Os Benefícios do Equilíbrio":

---

[1] Fonte Viva - Psicografia de Francisco Cândido Xavier - 19ª. edição FEB - 1994 - Página, 180.

"Temos inúmeras vantagens quando equilibramos nossos pensamentos e uma delas é a tranquilidade. O homem tranquilo é sempre senhor de si, agindo inteligentemente. (...)

Toda atitude mental negativa, gera, entre outros aspectos destruidores, os distúrbios orgânicos e psíquicos.

Problemas? Todos nós temos, graças a Deus e não há ninguém que não os tenha. A grande diferença é estar preparado quando eles surgem. Todo problema tem solução. Entretanto, existe uma causa para que ele venha a surgir. Logo, devemos analisar, cuidadosamente, todo e qualquer problema para que possamos saber (quando possível) suas verdadeiras causas, e, sobretudo, compreender aqueles que, aparentemente, não tenham uma explicação para nós. Assim, depois de sabermos as causas, ou melhor, os motivos, é preciso tomarmos providências para a resolução." E conclui:

"Quando procuramos compreender as situações difíceis e os casos inevitáveis, evidentemente, colaboramos com nós mesmos na superação destes momentos, além de ganharmos confiança, equilíbrio e coragem de lutar."[1]

[1] Trechos do livro: *Os Benefícios do Equilíbrio* - Ricardo Magalhães - 8ª. edição NovaLuz - 1996 - Capítulo 1 "Pensar, Falar, Agir e Colher" - Páginas, 12 e 13.

Toda atitude mental negativa, gera, entre outros aspectos destruidores, os distúrbios orgânicos e psíquicos tão comuns em nossa sociedade por demais distanciada do progresso moral.

O nosso poder de criar em nós e para nós é ilimitado. Somos dotados de uma poderosa força organizadora que é o agente universal: o pensamento. Usemo-lo para nos melhorar e não para o contrário.

– 0O0 –

Antes da conclusão deste capítulo, gostaríamos de lançar mãos das informações trazidas por André Luiz a respeito dos poderes magníficos do pensamento e, com isso, atentar para a necessidade primordial de seu estudo sério e vigilante.

No livro "Ação e Reação", André Luiz obtém importantes explicações do Assistente Silas. Observemo-las:

" – Em verdade, (explica Silas) estamos ainda longe de conhecer todo o poder criador e aglutinante encerrado no pensamento puro e simples (...) Tudo o que nos escravize à ignorância e à miséria, à preguiça e ao egoísmo, à crueldade e ao crime é fortalecimento da treva contra a luz e do inferno contra o Céu."

Após as explicações, André Luiz é questionado:

" – Recorda-se (pergunta o atencioso Assistente) de haver alguma memória, alusiva às primeiras experiências de Marconi, nos albores do telégrafo sem fio?"

André Luiz respondendo afirmativamente à pergunta de Silas, lembrou das experiências de vários descobridores como Henrique Hertz, o engenheiro alemão que realizou diversas experiências no campo da eletricidade e finalizou notificando outras descobertas de comunicação sem fio. Entretanto, em seguida, pergunta apreensivo:

" – Mas... que tem isso a ver com o pensamento?"

As primeiras explicações do Assistente foram as seguintes:

" – A referência é significativa para as nossas considerações. Além dela, volvamos à televisão, uma das maravilhas da atualidade terrestre...

E acrescentou:

– Reporto-me ao assunto para lembrar que na radiofonia e na televisão os elétrons que carreiam as modulações da palavra e os elementos da imagem se deslocam no espaço com velocidade igual à da luz, ou seja, a trezentos mil quilômetros por segundo. Ora, num só local podem funcionar um posto de emissão e outro de recepção, compreendendo-se que num segundo, as palavras e as imagens podem ser irradiadas e captadas, simultaneamente, depois de atravessarem imensos domínios do espaço, em fração infinitesimal de tempo. Imaginemos agora o pensamento, força viva e atuante, cuja velocidade supera a da luz. Emitido por nós, volta inevitavelmente a nós mesmos, compelindo-nos a viver, de maneira espontânea, em sua onda de formas criadoras, que naturalmente se nos fixam no espírito quando alimentadas pelo combustível de nosso desejo ou de nossa atenção. Daí, a necessidade imperiosa de nos situarmos nos ideais mais nobres e nos propósitos mais puros da vida, porque energias atraem energias da mesma natureza, e, quando estacionários na viciação ou na sombra, as forças mentais que exteriorizamos retornam ao nosso espírito, reanimadas e intensificadas pelos elementos que com elas se harmonizam, engrossando, dessa forma, as grades da prisão em que nos detemos irrefletidamente, convertendo-se-nos a alma num mundo fechado, em que as vozes e os quadros de nossos próprios pensamentos, acrescidos pelas sugestões daqueles que se ajustam ao nosso modo de ser, nos impõem reiteradas alucinações, anulando-nos de modo temporário os sentidos sutis."

Ainda, sob as elucidações de Silas, André Luiz e Hilário obtêm mais esclarecimentos sobre as criações mentais, quando questionam sobre um espírito em um quadro constrangedor de recordações punitivas.

Assim, começaram eles perguntando ao Assistente:

"(...) Nossos Irmãos doentes, desse modo, estarão segregados, até que se renovem?

– Perfeitamente – aclarou Silas, bondoso.

– E que devem fazer para atingir a melhora necessária? – indagou Hilário com insofreável assombro.(...)

– O problema é de natureza mental. Modifiquem as próprias idéias e modificar-se-ão.(...)

– Isso, porém, não é tão fácil. Consagram-se vocês, presentemente, a estudos especiais dos princípios de causa e efeito. Fiquem pois sabendo que nossas criações mentais preponderam fatalmente em nossas vidas. Libertam-nos quando se enraízam no bem que sintetiza as leis Divinas, e encarceram-nos quando se afirmam no mal, que nos expressa a delinqüência responsável, enleando-nos por essa razão ao visco sutil da culpa. Afirma velho aforismo popular na Terra que "o criminoso volta ao local do crime". Daqui podemos asseverar que, mesmo desfrutando a possibilidade de ausentar-se da paisagem do crime, o pensamento do criminoso está preso ao ambiente e à própria substância da falta cometida."

André Luiz notifica a observação do Assistente:

"E, reparando em nossa perplexidade, acrescentou:

– Recordemos, ainda, o pensamento, atuando à feição de onda, com velocidade muito superior à da luz, e lembremo-nos de que toda mente é dínamo gerador de luz e que o mal é condensação da sombra, quando nos transviamos na crueldade para com os outros, nossos pensamentos, ondas de energia sutil, de passagem pelos lugares e criaturas, situações e coisas que nos afetam a memória, agem e reagem sobre si mesmos, em circuito fechado, e trazem-nos, assim, de volta, as sensações desagradáveis, hauridas ao contato de nossas obras infelizes."

Com grande emoção dos ouvintes, Silas completa:

"(...) todos estamos ligados uns aos outros, na carne e fora da carne, e achamo-nos livres ou prisioneiros, no campo da experiência, segundo as nossas obras, através dos vínculos de nossa vida mental. O bem é a luz que liberta, o mal é a treva que aprisiona... Estudando as leis do destino, é preciso atentar para semelhantes realidades indefectíveis e eternas."[1]

Imutavelmente, estamos todos ligados na Terra e no Espaço pela lei universal de reciprocidade que faz parte de um conjunto de leis divinas que regem os mundos. E, como elemento constitutivo de ligação, temos o pensamento: veículo universal que nos leva para o bem ou para o mal segundo o uso que fizermos dele. Deste modo, observamos a lei do livre-arbítrio, lei que nos faculta a opção de escolha, mas também, da responsabilidade.

A responsabilidade (diz Léon Denis) é estabelecida pelo testemunho da consciência, que nos aprova ou censura segundo a natureza de nossos atos. A sensação do remorso é uma prova mais demonstrativa que todos os argumentos filosóficos. Para todo Espírito,

---

[1] Ação e Reação - Psicografia de Francisco Cândido Xavier - 13ª. edição FEB - 1989 - Páginas: 55, 56, 69 e 71.

por pequeno que seja o seu grau de evolução, a Lei do dever brilha como um farol, através da névoa das paixões e interesses. Por isso, vemos todos os dias homens nas posições mais humildes e difíceis preferirem aceitar provações duras a se abaixarem a cometer atos indignos.[1]

Seguramente, esta consciência, esta compreensão — *que nos possibilita a felicidade interior* — não se adquire em prateleiras expostas nas lojas terrenas como sendo mercadorias à venda. Conquistamo-las através dos conhecimentos superiores, da autoconfiança em si mesmo, à medida que nos esforçamos disciplinadamente para superar, para vencer libertando-nos da escravidão, da ignorância que inevitavelmente nos acorrentam às sensações falsas e destruidoras.

Lembremo-nos sempre de Jesus, pois Ele nos afiançou: "Conhecereis a verdade e a verdade vos libertará."

Podemos conquistar, inegavelmente, a nossa liberdade, a nossa consciência tranquila. Antes, porém,

---

[1] O Problema do Ser do Destino e da Dor - 17ª. edição FEB - 1993 - Página, 343.

teremos de nos desvencilhar das atitudes mentais negativas, responsáveis pelas condutas errôneas que tanto nos fazem sofrer.

É, pois, a falta do estudo consciente das faculdades humanas e dos próprios problemas gerados pela ignorância de tal necessidade que leva o homem a continuar errando.

Os pensamentos e as atitudes passadas refletem-se no presente e no futuro. Por isso é que observamos muitas vezes, nos pensamentos e atos de certas pessoas, grandes contradições. Estes comportamentos contraditórios são gerados pelos impulsos silenciosos dos seus próprios pensamentos e de suas condutas passadas e que, agora, vêem à tona participando efetivamente de seus atos.

Para mudar esta situação, recordemos o apontamento de Silas: "(...) Modifiquem as próprias idéias e modificar-se-ão. (...) Daí, a necessidade imperiosa de nos situarmos nos ideais mais nobres e nos propósitos mais puros da vida, porque energias atraem energias da mesma natureza..."

Prova disso é que: "Mais cedo ou mais tarde todo produto do espírito reverte para seu autor com suas consequências, acarretando-lhe, segundo o caso, o sofrimento, uma diminuição, uma privação de liberdade, ou, então, satisfações íntimas, uma dilatação, uma elevação do ser. (...) A alma humana percorre seu caminho cercada de uma atmosfera brilhante ou turva, povoada pelas criações de seu pensamento. É isto, na vida do *além*, sua glória ou sua vergonha.

Para dar ao pensamento toda a força e amplitude, nada há mais eficaz do que a investigação dos grandes problemas." Assim se expressou Léon Denis.[1]

E isso nós estamos procurando fazer...

Amigo leitor, é de importância capital procurarmos mudar as nossas atitudes mentais, a nossa postura pessoal em relação aos problemas naturais do crescimento humano, e, adquirirmos a consciência de nossos deveres para conosco mesmo, lembrando que, a liberdade interior e a felicidade verdadeira são obras possíveis construídas no dia-a-dia, apresentam-

[1] O Problema do Ser do Destino e da Dor - 17a. Edição FEB -1993 - Páginas, 349 e 350.).

nos como seu maior e mais poderoso construtor: *o pensamento.*

Elevemos a nossa consciência acima do jugo da matéria, acreditemos em nosso poder de criar e haveremos de nos maravilhar do que somos realmente capazes...

3

Desenvolvendo atitudes positivas

"Homens! aprendei a imergir em vós mesmos, a esquadrinhar os mais íntimos recônditos do vosso ser; interrogai-vos no silêncio e no retiro. E aprendereis a reconhecer-vos, a conhecer o poder escondido em vós. (...) a Alma se ilumina pelas irradiações desse foco que reside nela e faz desabrochar, em nosso pensamento e em nosso coração, formas sempre novas, sempre inesgotáveis de verdade e de beleza."

(Léon Denis - O Grande Enigma, página, 30 - 6a. Edição FEB - 1980.)

O desenvolvimento de nossas faculdades prodigiosas (responsáveis pela prática das atitudes positivas), só têm constância pelo pensamento racional se houver a consciência de nossa unidade em Deus. Na busca desta transformação interior, não basta tão somente o querer, é imperioso o saber, descobrirmos em nós as forças transformadoras que em estado de embrião necessitam desenvolver-se. A falta desta consciência, *do saber*, é que nos faz conviver com elas sem fazermos uso delas. Foi por isso que Jesus disse aos discípulos: *Deus está em vós...*

"O homem que desconhece Deus e não quer saber que forças, que recursos, que socorros dEle promanam, esse é comparável a um indigente que habita ao lado de palácios, cheios de tesouros, e se arrisca a morrer de miséria diante da porta que lhe está aberta e pela qual tudo o convida a entrar."[1] Assim se exprimiu Léon Denis.

Não há distinção na criação divina; não existem seres criados à parte, somos iguais na essência.

Todos nós, *sem exceção*, somos filhos de um mesmo Pai. Jesus, o Mestre por excelência, passou (como nós) pelo estado de ignorância; embora sejamos seres singulares, individuais, não há distinção na criação divina; não existem seres criados à parte, somos iguais na essência. Entretanto, o que nos diferencia uns dos outros é justamente o esforço, a consciência, a tenacidade e o pensamento elevado que opera a transformação moral. Deus, que é o Espírito de Sabedoria infinita; Poder Supremo que Governa os mundos, *Causa primária de todas as coisas*[2], depositou em

---

[1] O Grande Enigma - Página 98 - 17a. Edição FEB - 1993 - Páginas, 349 e 350.

[2] Allan Kardec, na primeira pergunta em o "O Livro dos Espíritos", sabiamente questionou: Que é Deus? e obteve das Vozes do Alto a realidade. Eis a resposta: — *Deus é a inteligência suprema, causa primária de todas as coisas.*

nosso imo uma centelha de Sua Inteligência e de Sua Bondade. Há em nós, invariavelmente, uma semente de sabedoria e de progresso.

Somos indubitavelmente um reflexo da grande Alma Universal que é Deus. Infelizmente, a nossa ignorância, a nossa teimosia é que nos causam males e sofrimentos desnecessários. Haja vista que não existem dois princípios: o bem e o mal, como não existem dois Criadores. O mal é a ausência do bem.

O pensamento é inegavelmente o agente modelador de nossas atitudes. É ele o veículo de ação e reação, de atração e repulsão. Efetivamente, devemos aprender a controlar o que pensamos; ter e manter o hábito de vigiá-los e, sobretudo, discipliná-los, porquanto é esta condição e não outra de nossa ascensão moral e espiritual. O bem-estar, a paz de consciência e o equilíbrio interior dependem do esforço, da disciplina e da consciência desta realidade.

André Luiz, em o livro "Libertação", recebe explicações do orientador Gúbio a respeito de nossas inexoráveis manifestações mentais.

Observemos alguns trechos das explicações:

"Sendo cada um de nós uma força inteligente, detendo faculdades criadoras e atuando no Universo, estaremos sempre engendrando agentes psicológicos, através da energia mental, exteriorizando o pensamento e com ele improvisando causas positivas, cujos efeitos podem ser próximos ou remotos sobre o ponto de origem. Abstendo-nos de mobilizar a vontade, seremos invariáveis joguetes das circunstâncias predominantes, no ambiente que nos rodeia; contudo, tão logo deliberamos manobrá-la, é indispensável que resolvamos o problema da direção, porquanto nossos estados pessoais nos refletirão a escolha íntima."

E pondera:

"Existem princípios, forças e leis no universo minúsculo, tanto quanto no universo macrocósmico. Dirija um homem a sua vontade para a idéia de doença e a moléstia lhe responderá ao apelo, com todas as características dos moldes estruturados pelo pensamento enfermiço, porque a sugestão mental positiva determina a sintonia e receptividade da região orgânica, em conexão com o impulso havido, e as entidades microbianas, que vivem e se reproduzem no campo mental dos milhões de pessoas que as entretêm, acorrerão em massa, absorvidas pelas células que as atraem em obediência às ordens interiores, reiteradamente recebidas, formando no corpo a enfermidade idealizada. (...) porquanto o doente que se compraz na aceitação e no elogio da própria decadência acaba na posição de excelente incubador de bactérias e sintomas mórbidos, enquanto que o espírito em reajustamento, quando reage, valoroso, contra o mal, ainda mesmo que benéfico e merecido, encontra imensos recursos de concentrar-se no bem, integrando-se na corrente de vida vitoriosa."[1]

Assim segue Gúbio com as suas elucidações edificantes...

Às explicações do ilustre instrutor, fortalecem-nos ainda mais a atenção de que, tanto o estado físico quanto psíquico são a soma e a repercussão de nossos próprios conceitos mentais.

[1] Obra psicografada por Chico Xavier - 14a. Edição FEB - Páginas: 30 e 31 - 1990.

Desse modo, é imprescindível, diariamente, criarmos condições a práticas positivas (pensamentos e hábitos salutares), porquanto a produção de energias benéficas (fluidos energéticos) que envolvem o organismo material (muitas vezes até restaurando-o pelo ato da volição, substituindo as moléculas malsãs pelas moléculas sãs)[1], necessitam de uma ação contínua, de um estado compatível com o equilíbrio do conjunto físico-mental.

Mas, também, é preciso ponderar que *Ninguém poderá dizer que toda enfermidade, a rigor, esteja vinculada aos processos de elaboração da vida mental, mas todos podemos garantir que os processos de elaboração da vida mental guardam positiva influenciação sobre todas as doenças.*

Assim assevera Emmanuel que, ainda, alerta:

---

[1] Allan Kardec em "A Gênese" Cap. XIV, nos itens 15 e 31 explica: "Sendo os fluidos o veículo do pensamento(...) cria imagem fluídicas, e se reflete no envoltório perispiritual como num espelho; o pensamento toma corpo e aí se fotografa de alguma forma. Como vimos, o fluido universal é o elemento primitivo do corpo carnal e do perispírito, do qual são transformações. Pela identidade de sua natureza, este fluido, condensado no perispírito, pode fornecer ao corpo os princípios reparadores; o agente propulsor é o Espírito, encarnado ou desencarnado, que infiltra num corpo deteriorado uma parte da substância de seu envoltório fluídico. A cura se opera pela substituição de uma molécula sã a uma molécula malsã. (...) ela depende ainda da energia da vontade.

"(...) as enfermidades dificilmente curáveis catalogam-se, indiscutivelmente, na tabela das provações necessárias, como certos medicamentos imprescindíveis figuram na ficha de socorro ao doente; contudo, os sintomas patológicos na experiência comum, em maioria esmagadora, decorrem dos reflexos infelizes da mente sobre o veículo de nossas manifestações operando desajustes nos implementos que o compõem."

E enfatiza convicto:

"Sabe hoje a medicina que toda tensão mental (pensamento em desajuste) acarreta distúrbios de importância no corpo físico.

(...) Estabelecido o conflito espiritual, quase sempre as glândulas salivares paralisam as suas secreções, e o estômago, entrando em espasmo, nega-se à produção de ácido clorídrico, provocando perturbações digestivas a se expressarem na chamada colite mucosa. Atingindo esse fenômeno primário que, muita vez, abre a porta a temíveis calamidades orgânicas, os desajustamentos gastrintestinais repetidos acabam arruinando os processos da nutrição que interessam o estímulo nervoso, determinando variados sintomas, desde a mais leve irritação da membrana gástrica até a loucura de abordagem complexa."[1]

Vejamos a multiplicidade de fatores concatenados ao pensamento, ao estado mental dos seres encarnados e desencarnados, participantes ativos de suas dores ou de seus alívios. O que nos leva seguramente a perceber a importância de nos situarmos em padrões sempre elevados de pensamentos. Mais adiante, abordaremos os perigos da fixação mental em que muitos se envolvem pelo pensamento doentio.

Antes, para complementar, voltemos aos esclarecimentos de Gúbio que desta vez é interrogado por Elói a respeito dos vínculos mentais negativos, altamente comprometedor a que, não poucas vezes, o homem desatento se submete. Os esclarecimentos que se seguem, de

---

[1] Pensamento e Vontade - Psicografia de Chico Xavier - 9a. Edição FEB - 1991 - Páginas: 127,128 e 129.

um trecho das explicações, são profundamente importantes.

Elói pergunta ao instrutor Gúbio o que pode fazer uma pessoa para desvencilhar-se do assédio pernicioso de espíritos vingativos. A pergunta se referia a uma mulher que, no sono, sofria orientação de uma entidade que procurava vingar-se.[1]

Elói, que atento acompanhou a mulher vacilante no pensamento, questionou:

"Como se libertaria de semelhante inimiga?"

---

[1] Em o livro "O Evangelho Segundo o Espiritismo" de Allan Kardec, capítulo XXVIII, item 38 esclarece e orienta: O sono é o repouso do corpo, mas o Espírito não necessita desse repouso. Enquanto os sentidos se entorpecem, a alma se liberta parcialmente da matéria, gozando das suas faculdades espirituais. O Sono foi dado ao homem para a reparação de suas forças orgânicas e das suas forças morais. Enquanto o corpo recupera as energias gastas no estado de vigília, o Espírito vai se retemperar entre os outros Espíritos. É então que ele tira, de tudo o que vê, de tudo que percebe e dos conselhos que lhe são dados, as idéias que lhe ocorrem depois, em forma de intuições. (...) Se conserva maus instintos, (gerados pelos pensamentos vacilantes e desequilibrados) em vez de procurar a companhia dos Bons Espíritos, busca a dos seus semelhantes e dirige-se aos lugares em que pode liberar as suas más inclinações. Aquele que se acha compenetrado desta verdade eleve o seu pensamento, no momento em que sente aproximar-se o sono; solicite o conselho dos Bons Espíritos(...)

E Gúbio respondeu:

"Mantendo-se num padrão de firmeza superior, com suficiente disposição para o bem. Com esse esforço, nobre e contínuo, melhoraria intensivamente os seus princípios mentais, afeiçoando-os às fontes sublimes da vida e, ao invés de converter-se em material absorvente das irradiações enfermiças e depressivas, passaria a emitir raios transformadores e construtivos, em benefício de si mesma e das entidades que se lhe aproximam do caminho. Em todos os quadros do Universo, somos satélites uns dos outros. Os mais fortes arrastam os mais fracos, entendendo-se, porém, que o mais frágil de hoje pode ser a potência mais alta de amanhã, conforme nosso aproveitamento individual. Expedimos raios magnéticos e recebemo-los ao mesmo tempo. É imperioso reconhecer, todavia, que aqueles que se acham sob o controle de energias cegas, acomodando-se aos golpes e sugestões da força tirânica, emitidos pelas inteligências perversas que os assediam, demoram-se, longo tempo, na condição de aparelhos receptores da desordem psíquica. Muito difícil reajustar alguém que não deseja reajustar-se. A ignorância e a rebeldia são efetivamente a matriz de sufocantes males."[1]

Eis, assim, o apontamento de Gúbio a Elói e que nos serve grandemente de alerta.

Não obstante estejamos avisados dos perigos que acarretam os pensamentos contrários ao nosso bem-estar físico-psiquico, é preciso observar que, o que vai definir efetivamente as nossas atitudes positivas em relação a nós mesmos nos tornando receptivos às situações benéficas é, inegavelmente, a consciência, o saber e a fiscalização dos próprios pensamentos.

A prática da fiscalização mental, que é conquistada pela consciência apurada de nossas necessidades edificantes, predispõem o indivíduo a fiscalizar os próprios atos, porquanto, se os pensamentos são bons, os atos sê-lo-ão da mesma forma, pois o que produz esta harmonia é justamente este procedimento consciencial.

---

[1] Libertação - Psicografia de Chico Xavier - 14a. Edição FEB - 1990 - Páginas: 83 e 84.

Como bem nos alertou o nobre instrutor: *...somos satélites uns dos outros.*

Por isso, faz-se sempre necessário nos tornarmos predispostos aos bons procedimentos da vida comum, lembrando que somos percebidos e influenciados[1] (benéfica ou maleficamente) pelos espíritos que facilmente circulam na atmosfera espiritual terrestre.[2]

Muitas pessoas, infelizmente, por não atentarem para tais necessidades da alma, pensam, e, conseqüentemente agem causando seus próprios infortúnios. Essas pessoas, comumente, criam fixações mentais de situações negativas e passam a viver com elas paralisando, por assim dizer, suas

---

[1] Allan Kardec em o "O Livro dos Espíritos", questões 459 e 460 pergunta a Espiritualidade Superior: Os Espíritos influem sobre os nossos pensamentos e as nossas ações? – *Nesse sentido a sua influência é maior do que supondes, porque muito freqüentemente são eles que vos dirigem.* Temos pensamentos próprios e outros que nos são sugeridos? – *Vossa alma é um Espírito que pensa; não ignorais que muitos pensamentos vos ocorrem, a um só tempo, sobre o mesmo assunto, e freqüentemente bastante contraditórios. Pois bem, nesse conjunto há sempre os vossos e os nossos, e é isso o que vos deixa na incerteza, porque tendes em vós duas idéias que se combatem.*

[2] Allan Kardec em "A Gênese", Capítulo XIV, itens 5 e 16, enfatiza: *Os fluidos mais próximos da materialidade, e por conseguinte os menos puros, compõem aquilo que se pode chamar* atmosfera espiritual terrestre. E afiança: *A ação dos Espíritos sobre os fluidos espirituais tem consequências de importância direta e capital para os encarnados. Desde o instante em que tais fluidos são o veículo do pensamento, que o pensamento lhes pode modificar as propriedades, é evidente que eles devem estar impregnados das qualidades boas ou más, dos pensamentos que os colocam em vibração, modificados pela pureza ou impureza dos sentimentos. Os maus pensamentos corrompem os fluidos espirituais, como os miasmas deletérios corrompem o ar respirável...*

forças naturais de reação, desorganizando inteiramente o seu estágio evolutivo.

Para esta questão, reportemo-nos à obra de André Luiz, "Nos Domínios da Mediunidade", onde o autor espiritual nos mostra através das observações oportunas, o perigoso e destruidor sentimento da fixação mental.

Caríssimo leitor, é preciso observarmos nas informações que vamos acompanhar mais um alerta, mais um estudo, mais uma prova de que, o grande problema do ser humano ainda é o pensamento mal dirigido, mal empregado, mal controlado. Pelo pensamento suas obras se perpetuam através dos séculos, libertando-o dos grilhões da ignorância ou escravizando-o às suas próprias criações destruidoras...

Mudemos nossos pensamentos e mudaremos tudo e todos, pois esta é a lei da reciprocidade.

Conta A. Luiz que, estava ele e seu amigo Hilário sob as instruções do Assistente Áulus, a respeito da fixação mental quando Hilário se mostrou ansioso por saber mais sobre este problema aflitivo.

Foi assim que ele começou perguntando:

"Como pode a mente deter-se em determinadas impressões, demorando-se nelas, como se o tempo para ela não caminhasse?"

E, antes que Áulus respondesse, Hilário lembra como exemplo, o caso, que acompanharam juntos de uma criatura que se prendia há séculos nas idéias de vinganças.

E conclui sua pergunta:

"Estará nessa posição lamentável, por tantos anos, sem ter reencarnado?

Áulus ouviu com atenção e respondeu:

– É imprescindível compreender que, depois da morte no corpo físico, prosseguimos desenvolvendo os pensamentos que cultivamos na experiência carnal. (...) A idéia fixa pode operar a indefinida estagnação da vida mental no tempo.

Simbolizemos o estágio da alma, na Terra, através da reencarnação, como sendo valiosa linha de frente, na batalha pelo aperfeiçoamento individual e coletivo, batalha em que o coração deve armar-se de idéias santificantes para conquistar a sublimação de si mesmo, a mais alta vitória. A mente é o soldado em luta."

Mais adiante, Hilário, o amigo de André Luiz, torna a perguntar sequioso por mais saber:

"E o problema da imobilização da alma?

O interpelado sorriu e considerou:

– Em nossa imagem, podemos defini-la com a propriedade possível. É que o tempo, para nós, é sempre aquilo que dele fizermos. (...) Qualquer grande perturbação interior, chame-se paixão ou desânimo, crueldade ou vingança, ciúme ou desespero, pode imobilizar-nos por tempo indefinível em suas malhas de sombra, quando nos rebelamos contra o imperativo de marcha incessante com o Sumo Bem. Analisemos ainda o nosso símbolo do combate. O relógio inflexível assinala o mesmo horário para todos, entretanto, o tempo é leve para os que triunfaram e pesado para os que perderam. Com os vencedores, os dias são felicidade e louvor e com os vencidos são amargura e lágrimas. Quando não nos desvencilharmos dos pensamentos de flagelação e derrota, através do trabalho constante pela nossa renovação e progresso, transformamo-nos em fantasmas de aflição e desalento, mutilados em nossas melhores esperanças ou encafurnados em nossas chagas íntimas."

Áulus, o instrutor atencioso, completa as explicações assim:

"E quando a morte nos surpreende nessas condições, acentuando-se-nos então a experiência subjetiva, se a alma não se dispõe ao esforço heróico da suprema renúncia, com facilidade emaranha-se nos problemas da fixação, atravessando anos e anos, por vezes séculos na repetição de reminiscências desagradáveis, das quais se nutre e vive. Não se interessando por outro assunto a não ser o da própria dor, da própria ociosidade ou do próprio ódio, a criatura desencarnada, ensimesmando-se, é semelhante ao animal no sono letárgico[1] da hibernação. Isola-se do mundo externo, vibrando tão-somente ao redor do desequilíbrio oculto em que se compraz. Nada mais ouve, nada mais vê e nada mais sente, além da esfera desvairada de si mesma."[2]

---

[1] Nas questões, 422 a 424 de "O Livro dos Espíritos" Allan Kardec recebe informações sobre a letargia que *é a perda momentânea da sensibilidade e do momento, por uma causa fisiológica ainda inesplicada.*

[2] Obra citada, psicografia de Chico Xavier, 24a. Edição FEB, 1997, páginas 233, 234, 235 e 236.

Assim enfatizou o ilustre orientador a respeito da fixação mental em que muitos se encaminham.

Evitemos em nossa mente qualquer tipo de sentimento negativo, contrário à saúde mental, ao equilíbrio íntimo, pois é altamente perigoso armazenarmos pensamentos inúteis, sem valor moral.

Marco Aurélio, um notável pensador da antiguidade disse:

"O homem é guiado pelos seus pensamentos".

O pensamento é vida! Cuidemos dele.

Gostaríamos de nos transferir para "Obras Póstumas" de Allan Kardec onde observaremos em um pequeno trecho, mais um apontamento, mais um alerta de que, enquanto o homem não se conscientizar ele próprio de suas necessidades interiores através da transformação mental, tornar-se-á sério candidato ao desequilíbrio espiritual.

Vamos aos esclarecimentos:

"Alguns estados doentios e certas aberrações que se lançam à conta de uma causa oculta, derivam do Espírito do próprio indivíduo. As contrariedades que de ordinário cada um concentra em si mesmo, principalmente os desgostos amorosos, dão lugar, com freqüência, a atos excêntricos, que fora errôneo considerar-se fruto da obsessão."[1]

E adverte:

"O homem não raramente é o obsessor de si mesmo."

Quando retemos em nossas mentes pensamentos negativos, sombrios, nos tornamos pelo processo de reação, os nossos próprios algozes.

Sócrates, o grande filósofo grego, com poucas palavras evidenciou:

"Conhece-te a ti mesmo".

Eis o caminho da descoberta do nosso "eu" interior e de nossas potencialidades.

Integrando-se a esta incontestável realidade, Léon Denis assim se manifestou:

---

[1] Obra citada, Primeira parte, VII, item 58.

"Não há progresso possível sem observação atenta de nós mesmos. É necessário vigiar todos os nossos atos impulsivos para chegarmos, a saber, em que sentido devemos dirigir nossos esforços para nos aperfeiçoarmos. Primeiramente, regular a vida física, reduzir as exigências materiais ao necessário, a fim de garantir a saúde do corpo, instrumento indispensável para o desempenho de nosso papel terrestre. Depois disciplinar as impressões, as emoções, exercitando-nos em dominá-las, em utilizá-las como agentes de nosso aperfeiçoamento moral; aprender principalmente a esquecer, a fazer o sacrifício do "eu", a desprender-nos de todo o sentimento de egoísmo."

E Denis conclui sabiamente:

"A verdadeira felicidade neste mundo está na proporção do esquecimento próprio."[1]

Posto isto, para desenvolvermos as atitudes positivas, e avançarmos em direção ao bem-estar, é indispensável a auto-reflexão, o conhecimento de si mesmo.

---

[1] O Problema do Ser do Destino e da Dor - 17a. Edição FEB, 1993, página, 360.

O homem jamais conseguirá alcançar a sua paz de consciência, a sua tranquilidade de espírito se não procurar descobrir ele próprio o que o leva aos erros...

Certamente, o sucesso na vida está no esforço pessoal em reduzir os próprios erros, através do saber, do crer e do querer, criando idéias sempre novas, sempre luminosas que nos possam conduzir à libertação.

Ficaríamos longo tempo juntos conversando sobre esta questão tão importante, mas, é imperioso passarmos adiante.

Antes lembremo-nos de que, aquele que busca a verdade e nela permanece – através da vigilância e da fiscalização dos próprios pensamentos e atos, naturalmente age mais e erra menos. E isso já nos tinha recomendado o Maior dos Filósofos, o Mestre dos Mestres Jesus, quando disse:

"Conhecereis a verdade e a verdade vos libertará."

Aprendamos, em tempo, a habituar-nos à prática dos pensamentos positivos, nobres, elevados, mas aprendamos, sobretudo, a investigá-los, conhecendo-nos a nós mesmos, com toda certeza é isso que nos fará homens novos...

4

Os cuidados e a disciplina do pensamento

"Se se pudesse suspeitar do imenso mecanismo que o pensamento aciona e dos efeitos que ele produz de um indivíduo a outro, de um grupo de seres a outro grupo e, afinal, da ação universal dos pensamentos das criaturas umas sobre as outras, o homem ficaria assombrado! Sentir-se-ia aniquilado diante dessa infinidade de pormenores, diante dessas inúmeras redes ligadas entre si por uma potente vontade e atuando harmonicamente para alcançar um único objetivo: o progresso universal." (Allan Kardec - Obras Póstumas, página, 118 – 26ª. . Edição FEB - 1993.)

É pela estreita relação que liga a causa ao efeito, a ação à reação, que estamos vinculados uns aos outros sob as leis que regem o Universo infinito. Sabe-se que o Criador se manifesta em todas as coisas e que sua misericórdia permite-nos ser, sobre a Terra, a sua mais vibrante expressão. Deus é a Suprema Inteligência e nós as suas criaturas.

Possuímos o bem, embora em estado de gérmen. Possuímos o pensamento, atributo essencial que nos liga diretamente à Natureza do Pai. Somos, inegavelmente, os seus representantes.

O homem possui grandes e indeléveis poderes que adormecem em seu interior. Só através de seu esforço contínuo, da consciência de sua verdadeira tarefa, é que conseguirá acordá-los e, assim, usá-los devidamente para o seu adiantamento e o de sua sociedade.

Todos os seres derivam da grande lei da Unidade que rege o Universo e suas variedades naturais.[1]

Espírito, Força e *Matéria* — *Fraternidade* e *Harmonia* têm, pois, invariavelmente a Paternidade de Deus; todas as relações que nos ligam, estão, como se vê, concatenadas a este fato.

---

[1] Diz Léon Denis *que todos os seres estão ligados uns aos outros e se influenciam reciprocamente: o Universo inteiro está submetido à lei da solidariedade.* "O Grande Enigma" - 6a. Edição - FEB - 1980 - Página, 45. Gabriel Delanne da mesma forma nos confirma esta realidade quando afiança: ...*É uma descoberta de alcance filosófico incalculável, de vez que prova materialmente a grandiosa unidade das leis naturais que regem todo o Cosmo.* E, na mesma obra, Delanne acrescenta que *é possível compreender que todos os fenômenos físicos da formação de um planeta dependem de condensações sucessivas, cada vez mais completas, do fluido universal. A matéria, sob sua forma primitiva, ocupa a extensão infinita. Ela existe em todos os graus de rarefação, desde o estado inicial ao de materialidade visível e ponderável.*" A Evolução Anímica"- 8a. Edição - FEB - 1995 - Páginas, 231 e 236.

Amigo leitor, é fundamental, mais ainda, é indispensável para nós a compreensão racional do assunto, buscando apreender pelo estudo silencioso e fecundo, a essência da verdade descobrindo-nos a nós mesmos. É exatamente essa condição que nos transforma o ser.

Como sabemos, somos almas irmãs, vindas de Deus; sabemos também que estamos ligados uns aos outros pelas leis imutáveis. Assim sendo, o crescimento de um é sentido por todos, como também o seu rebaixamento afeta o conjunto.

Os cuidados e a disciplina do pensamento são as linhas mestras da ascensão gradual do progresso e do bem-estar.

Haja vista que a nossa liberdade liga-se à liberdade do outro e vice-versa. Ajudando-nos mutuamente, libertamo-nos dos entraves da ignorância que tanto nos emperram a marcha evolutiva. Afastando-nos do mal, tornamos a Humanidade mais livre, mais consciente e mais participativa. Tudo é recíproco.

Por isso, os cuidados e a disciplina do pensamento são as linhas mestras da ascensão gradual do progresso e do bem-estar, *moral* e *material* dos seres humanos.

É através do estudo meticuloso e constante de nossos pensamentos e atos *já mencionados* que vamos avançar em direção à fraternidade universal. É essa condição que nos faz de fato progredir. Porquanto não haverá para o espírito (alma humana) progresso edificante e felicidade interior se não houver solidariedade na vida coletiva.

Para reforçar a nossa consciência e podermos avançar construindo em nós a base da autoconfiança (que é o saber), observemos com atenção alguns trechos de uma das obras significativas e indispensáveis da Codificação Espírita.

Reportemo-nos a "A Gênese" de Allan Kardec e atentemos:

"...com o pensamento de Deus, isto é, que ele atua diretamente, ou pelo intermediário de um fluido, para facilidade de nossa inteligência, nós o representamos sob a forma concreta de um fluido inteligente, que enche o universo infinito, penetrando todas as partes da criação: a natureza inteira está imersa no fluido divino; ou, segundo o princípio de que as partes de um todo são da mesma natureza, e têm as mesmas propriedades que o todo, cada átomo desse fluido, se assim podemos exprimir-nos, possui o pensamento, isso é, os atributos essenciais da Divindade, e já que tal fluido está em toda a parte, tudo é submetido à sua ação inteligente, à sua previsão, à sua solicitude; não há um ser, ínfimo que o possamos supor, que não seja saturado por ele, de alguma forma."

E pondera:

"Estamos assim constantemente na presença da Divindade; não há sequer uma de nossas ações que possamos subtrair à sua consideração; nosso pensamento está em incessante contato com seu pensamento, e é com razão que se diz que Deus jaz nas mais profundas dobras de nosso coração. Estamos nele como ele está em nós, segundo a palavra do Cristo."

Perseverando, ele afirma:

"Para estender sua solicitude a todas as suas criaturas, Deus não tem, pois, necessidade de mergulhar seu olhar, do alto de sua imensidade; nossas orações, para serem ouvidas por Ele, não, têm necessidade de atravessar o espaço, nem serem proferidas com voz ressoante, pois, sem cessar, a nosso lado, nossos pensamentos repercutem nele.

Nossos pensamentos são como os sons de um sino que faz vibrar todas as moléculas do ar ambiente."

E assim segue Kardec...

Um pouco mais adiante ele enfatiza dizendo que, já por compreendermos o efeito, ou seja, as razões que levam a causa, já é muito, assegura ele, que remontamos à causa e avaliamos sua grandeza pela grandeza do efeito; porém sua essência íntima nos escapa, assim como acontece com a causa de uma quantidade de fenômenos. Conhecemos os efeitos da eletricidade, do calor, da luz, da gravitação; chegamos a calculá-los, e, entretanto, ignoramos a natureza íntima do princípio que os produz. Será, pois, mais racional, negar o princípio divino, porque não o compreendemos?

Nada impede que se admita, pelo princípio de soberana inteligência, um centro de ação, um foco principal que irradia sem cessar, inundando o universo com seus eflúvios, tal como o sol faz com sua luz. Porém, onde está este foco? é o que ninguém pode dizer. É provável que ele não se encontre fixado sobre um ponto determinado, assim como sua ação não é também fixada, e que ele percorra incessantemente as regiões do espaço sem limites. Se simples Espíritos têm o dom da ubiqüidade, esta faculdade, em Deus, deve ser sem limites. Se Deus enche o Universo, poder-se-ia admitir, ainda, a título de hipótese, que tal foco não tem necessidade de se transportar, e que ele se forma sobre todos os pontos onde a soberana vontade julga ser seu propósito ali produzir-se, com o que se poderia dizer que ele está em toda parte, e em parte alguma.

Allan Kardec conclui mostrando-nos que somos capazes de nos transformarmos interiormente, porque Deus habita em nós; porém, é preciso compreendê-lo. Por isso que Léon Denis nos disse que *somos tão necessários à sua existência quanto Ele é necessário à nossa*. Ao que seguramente podemos asseverar: Deus está em nós como nós estamos em Deus.

Vamos à conclusão de Kardec:

"Diante de tais problemas insondáveis, nossa razão deve humilhar-se. Deus existe; disso, não saberíamos duvidar; é infinitamente justo e bom; isso é sua essência; sua solicitude se estende a todos; nós o compreendemos; ele não pode, pois, querer senão o nosso bem, e por isso devemos ter confiança nEle; é o essencial; quanto ao mais, procuremos ser dignos de compreendê-lo."[1]

Para atingirmos esta compreensão, para que se opere o aprimoramento dos seres humanos, é preciso primeiramente que se faça a transformação do indivíduo. Porquanto não é a Humanidade que transforma o homem, mas, é o homem que faz a Humanidade se transformar e essa efetue gradualmente, através das existências sucessivas, a transformação do mundo.

Infelizmente, muitas pessoas, alegando que *uma andorinha não faz verão*, estacionam nas sombras da inércia e das frustrações mentais criadas pelos seus próprios pensamentos negativos.

Os influxos de nossos pensamentos projetam forças, criam atos que harmonizam ou perturbam a atmosfera em que vivemos, beneficiando ou fazendo sofrer os nossos irmãos da Humanidade.

Motivos de sobra temos para mudarmos urgentemente as nossas atitudes mentais.

Se pensarmos no bem, isto é, em assuntos elevados, nosso ser eleva-se em ondas vibratórias

[1] A Gênese - Capítulo II - Itens: 24, 28 a 30.

sempre luminosas atraindo para si vibrações da mesma espécie; impregnamo-nos pouco a pouco das qualidades de nossos pensamentos.

Ao passo que, se os nossos pensamentos forem infelizes, inconstantes, criamos condições perigosas que reagem, não só em nós causando prejuízos, mas também nos que estão em contato conosco. Isso *resulta de uma lei física: da assimilação e repulsão dos fluidos.*[1]

Vejamos mais uma vez a anuência de Allan Kardec a respeito dos múltiplos poderes do pensamento e, com isso, nos conscientizemos mais e mais dos cuidados e disciplina que devemos ter.

Assim, expressa-se Kardec:

"Um pensamento superior, fortemente pensado, permita-se-nos a expressão, pode, pois, conforme a sua força e a sua elevação, tocar de perto ou de longe homens que nenhuma idéia fazem da maneira por que ele lhes chega, do mesmo modo que muitas vezes aquele que o emite não faz idéia do efeito produzido pela sua emissão. É esse um

---

[1] No capítulo XII, item 3 do "O Evangelho Segundo o Espiritismo" de Allan Kardec observamos: *O pensamento maléfico emite uma corrente fluídica que causa penosa impressão; o pensamento benéfico envolve-nos num eflúvio agradável.* E esclarece: *Daí a diferença de sensações que se experimenta, à aproximação de um inimigo ou de um amigo.*

jogo constante das inteligências humanas e da ação recíproca de umas sobre as outras. Juntai-lhes a das inteligências dos desencarnados e imaginais, se o conseguirdes, o poder incalculável dessa força composta de tantas forças reunidas."

Kardec complementa, de modo firme, categórico, mostrando-nos o grande papel de cada um nesse conjunto universal.

Observemos:

"Pela telegrafia do pensamento, ele apreciará em todo o seu valor a lei da solidariedade, ponderando que não há um pensamento, seja criminoso, seja virtuoso, ou de outro gênero, que tenha ação real sobre o conjunto dos pensamentos humanos e sobre cada um deles. Se o egoísmo o levava a desconhecer as consequências, para outrem, de um pensamento perverso, pessoalmente seu, por esse mesmo egoísmo ele se verá induzido a ter bons pensamentos, para elevar o nível moral da generalidade das criaturas, atentando nas consequências que sobre si mesmo produziria um mau pensamento de outrem."

Como acabamos de observar, Kardec é taxativo: todos nós estamos ligados e nos influenciamos uns aos outros por vibrações mentais que geram atos concretos.

E questiona, elucidando:

"Que serão, senão consequências da telegrafia do pensamento, esses choques misteriosos que nos advertem da alegria ou do sofrimento de um ante caro, que se acha longe de nós? Não é a um fenômeno do mesmo gênero que devemos os sentimentos de simpatia ou de repulsão que nos arrastam para certos Espíritos e nos afastam de outros?"[1]

Léon Denis, por sua vez, ressalta:

"Atingindo o homem o conhecimento de sua verdadeira natureza de sua unidade em Deus, tendo entrado essa noção em sua consciência e em seu coração, ele se eleva até à Verdade suprema; domina, do topo, as vicissitudes terrestres; encontra a força que "remove montanhas", que o torna vencedor na luta contra as paixões e permite desprezar as decepções e a morte. Executa então o que o vulgo chama – prodígios. Por sua vontade, por sua fé, submete, governa a substância; quebra

[1] Obras Póstumas - 26a. edição FEB - 1993 - Páginas: 118 e 119.

as fatalidades da matéria; torna-a quase um deus para os outros homens. Muitos, em sua passagem por este mundo, chegaram a essas alturas de vistas, mas só o Cristo delas se compenetrou, ao ponto de dizer à face de todos: "Eu e meu Pai somos um; Ele está em mim e eu estou nEle."

É preciso conhecer, crer raciocinada-mente nas leis universais, estudá-las.

E diz mais:

"Estas palavras não se aplicam, entretanto, a Ele só (Jesus); são verdadeiras para a Humanidade inteira. O Cristo sabia que todo homem deve chegar à compreensão de sua natureza íntima, e é nesse sentido que dizia a seus discípulos: "Vós sois todos deuses".[1]

Somos deuses sim; possuímos, como já dizíamos, uma centelha da Grande Alma Universal que é o nosso Pai Criador. A propósito, é essa condição que nos dá uma enorme força tornando-nos capazes de realizar grandes coisas, de acordo com o que Jesus nos disse: *Podeis fazer o que eu faço e muito mais...* Todavia, é preciso conhecer, crer raciocinadamente

[1] O Grande Enigma - 6a. edição FEB - 1980 - Página, 43.

nas leis universais, estudá-las com entusiasmo e dedicação e querer de fato melhorar.

Deus é o Eterno Foco, a Grande Luz do Universo; nós porém, somos, *se o quisermos*, os refletores deste Foco Divino.

Explica o escritor Martins Peralva que, a força do pensamento, e sua conseqüente influenciação no próprio destino humano, constitui realidade que ninguém pode, nem deve ignorar.

Se a alma está no lugar onde projeta o pensamento, por maior que seja a distância percorrida, ou a percorrer, evidentemente devemos sempre "pensar bem".

Pensar no bem, pelo bem e para o bem – nosso e de todos.

Pensar sempre no bem, a fim de que a nossa influenciação sobre os demais seja benéfica, salutar, construtiva.

O Espírito, elemento inteligente do Universo, pensa.

A Mente, "campo da consciência desperta", segundo Emmanuel, reflete.

O corpo, “máquina divina”, na feliz definição de André Luiz, executa, com o auxílio dos órgãos que lhe são peculiares.

O nobre escritor M. Peralva, lembra Kardec quando transcreve sua explicações, dizendo que, Cada Espírito é uma unidade indivisível, mas cada um pode lançar seus pensamentos para diversos lados, sem que se fracione para tal efeito.

Continua explicando Peralva que, quando o pensamento, traduzindo, assim, atividade anímica, reveste expressões de alegria e bom ânimo, de entusiasmo e equilíbrio, semelhantes expressões se projetam no Tempo e no Espaço e tomam o rumo da criatura em quem pensamos, alcançando-a, inevitavelmente.

A respeito do refletor que todos nós devemos procurar ser e onde as energias positivas encontram em nós distribuição e iluminam, Martins Peralva lembra muito bem quando compara o homem em sua tríplice composição a um “farol”. E, assim, ele esclarece, ilustrando o significado:

A lâmpada, representando o Espírito (Alma).

“– Energia luminosa que se expande, ou seja: Espírito que pensa, por sua condição de elemento inteligente do Universo ("O Livro dos Espíritos", cap. II, parte 1a, questão 23). É o ser responsável, que prestará contas à Lei, agora ou mais tarde, aqui ou em qualquer parte."

O espelho representando o refletor (Mente):

"– A Mente que coordena, integra, concentra e dirige a energia do pensamento. Espelho que reflete a energia espiritual ("Campo da consciência desperta" – Emmanuel), a refletir a dinâmica do ser inteligente."

E finaliza a sua racional comparação mostrando que o físico representa a estrutura material do "farol":

"– O físico, a estrutura material de que é constituído o "farol" e que serve de veículo de manifestação do espírito no plano material. É a parte destrutível, que se refaz, se recompõe tantas vezes quantas necessárias, até que o ser pensante dela não mais precise na obra que lhe cabe cumprir: o aperfeiçoamento moral e cultural ("Máquina divina"– André Luiz)."

Eis, portanto, a comparação plausível de M. Peralva.

As vibrações de nossos pensamentos e de nossas palavras transmitem de nosso ser (quando focalizam o bem), fachos de luzes e harmonizam estabilizando o nosso estado mental.

Continuemos, caro leitor, um pouco mais na companhia de Martins Peralva e observemos atentamente as suas explicação sobre o assunto em epígrafe. Diz o ilustre escritor que *Emmanuel*, cujos ensinamentos se afeiçoam, singularmente, à índole da Doutrina Espírita, tornando-se esse elevado instrutor, por isso mesmo, depositário não só do nosso carinho, mas, igualmente, do nosso integral respeito – Emmanuel, ao dizer, em jubiciosa mensagem, que os pensamentos "são elementos dinâmicos de indução", amplia-nos a responsabilidade, no que toca ao simples "ato de pensar".

Responsabilidade que nos impõe uma conduta evangélica na emissão de pensamentos.

Responsabilidade que nos impõe não só o controle e a disciplina da atividade mental, mas, também, a criteriosa seleção dos pensamentos.

O nosso pensamento, expressando idealismo nobre ou desejo de rotina, pode levar tranquilidade ou inquietação aos que partilham, conosco, a experiência evolutiva.

O bom pensamento – pensamento de amor e solidariedade, de elevação e pureza – influencia não só do ponto de vista psíquico, como do físico.

O mau pensamento – pensamento de ódio e rancor, de inveja e despeito – produz as mais desagradáveis impressões, em consequência de cargas magnéticas que o destinatário recolhe, sente, mas, via de regra, desconhece a procedência.

Um pouco mais adiante, Martins Peralva finaliza suas explicações com uma recomendação de grande valor.

Assim se exprimiu ele:

"A nossa presença, mesmo através do pensamento, justo aos que palmilham, conosco, os roteiros aprimoratórios, deve ser uma presença sadia e alegre, edificante e fraterna.

Isso depende, essencialmente, de cada um de nós.

O meio é a seleção criteriosa dos nossos pensamentos.

O coadjuvante valioso e indispensável é a nossa boa-vontade...[1]

---

[1] O Pensamento de Emmanuel - 5a. edição FEB - 1994 - Páginas: 29,30,32 a 34.

Desta forma, procuremos, caríssimo leitor, elevar os nossos padrões mentais e cultivemos o exercício dos melhores procedimentos para conosco mesmos e para com os nossos semelhantes, lembrando sempre que não há causa sem efeito, pensamento sem ação, vitória sem luta, compreensão sem estudo meticuloso e contínuo, como também, não há felicidade sem paz de consciência, sem cuidados e sem disciplina do pensamento.

Elevemos os nossos olhares ao Pai e confiemos nEle, façamos a nossa parte na investigação prodigiosa dos problemas humanos e, atentemos para o estudo edificante e libertador. Isso nos faz lembrar o que disse Newton: "É loucura acreditar que se conhecem todas as coisas, e é sabedoria estudar sempre."

Precisamos, a bem da verdade, estudar sempre; haja vista que a lei do progresso é contínua, não tem limites. Todavia, precisamos também estar desejosos, perseverantes em alcançar os nossos ideais nobres, edificantes. O pensamento e a vontade são os agentes da evolução.

O *pensamento cria, a vontade edifica*, asseverou sabiamente Léon Dénis.

Certa vez Abraham Lincoln disse: "a felicidade de todo homem está no desejo de ser feliz".

Contudo, lembremo-nos sempre que, na busca da felicidade interior, não basta crer e saber o que se deve fazer, é preciso sobretudo, viver este desejo ardente dentro de si.

Em suma, o pensamento e a vontade são as ferramentas por excelências com as quais tudo podemos construir, reconstruir e transformar em nós e em volta de nós.

Eis que tudo é recíproco em nossa vida, a começar pelos nossos pensamentos. Façamos sempre aquilo que o Cristo nos recomendou há 20 séculos: *Orai e vigiai* e, continuemos caminhando, sempre para frente, embora nos custe sacrifício e dor, pois *não há vitória sem luta, não há progresso sem trabalho...*

5

A conquista da autoconfiança

"Querer é poder! O homem, consciente de si mesmo, de seus recursos latentes, sente crescerem suas forças na razão dos esforços. Sabe que tudo o que de bem e bom desejar há de, mais cedo ou mais tarde, realizar-se inevitavelmente, ou na atualidade ou na série das suas existências, quando seu pensamento se puser de acordo com a Lei Divina. E é nisso que se verifica a palavra celeste: "A Fé transporta montanhas".
(Léon Denis - O Problema do Ser, do Destino e da Dor, 17a. Edição FEB - Página 318/19.)

Partindo do princípio de que não há acaso nem fatalidade, pois o que existem são forças e leis, devemos aprender a regular, ou melhor, a controlar as condições que nos levam à conquista do equilíbrio interior e, por conseguinte à autoconfiança. Como se sabe, a falta de confiança em si mesmo, nas próprias forças, infelizmente leva um grande número de pessoas a perder suas oportunidades na vida acalentando em suas mentes pensamentos pessimistas e comprometedores.

À primeira vista, estas pessoas (que ainda não se alertaram para as necessidades do estudo sério do ser) buscam as conquistas interiores e até sabem da importância de tais necessidades da alma, mas, não poucas vezes, se desviam do alvo com facilidade e geralmente enveredam por caminhos difíceis comprometendo o seu presente e o seu futuro.

Por isso, o estudo do nosso "eu" interior, dos nossos pensamentos e atos, a que nos consagramos neste simples trabalho, leva-nos a um despertar consciente e fecundo, base na qual se alicerça em definitivo a autoconfiança.

Há, invariavelmente, grandes correntes com poderosas forças ocultas em nós, potências incalculáveis. Porém, na verdade, nós é que *ainda* nos ignoramos – e é essa condição que nos leva a cometer erros. Possuímos forças vivas, não obstante, inertes, adormecidas.

Léon Denis na sua magnífica obra, O *Problema do Ser, do Destino e da Dor* [1] diz que, *as causas da felicidade não se acham em lugares determinados no espaço; estão em nós, nas profundezas misteriosas da alma, o que é confirmado por todas as grandes doutrinas.*

"O reino dos céus está dentro de vós", *disse o Cristo.*

O mesmo pensamento está por outra forma expresso nos Vedas: *"Tu trazes em ti um amigo sublime que não conheces."*

Informa Denis que, *a sabedoria persa não é menos afirmativa: "Vós viveis no meio de armazéns cheios de riquezas e morreis de fome à porta."* (Suffis Ferdousis.)

Todos os grandes ensinamentos concordam neste ponto: É na vida íntima, no desabrochar de nossas potências, de nossas faculdades, de nossas virtudes, que está o manancial das felicidades futuras.

Olhemos atentamente para o fundo de nós mesmos, fechemos nosso entendimento às coisas externas e, depois de havermos habituado nossos sentidos psíquicos à escuridade e ao silêncio, veremos surgir luzes

---

[1] 17a. edição FEB - 1993 - Páginas: 311 e 312.

inesperadas, ouviremos vozes fortificantes e consoladoras. Mas, há poucos homens que saibam ler em si, que saibam explorar as jazidas que encerram tesouros inestimáveis. Gastamos a vida em coisas banais, improfícuas: percorremos o caminho da existência sem nada saber de nós mesmos, das riquezas psíquicas, cuja valorização nos proporcionaria gozos inumeráveis.

É pela vontade que movimentamos todas as potências internas de nosso ser.

Entretanto, ao contrário do que pensa muita gente, a autoconfiança não se acha: conquista-se! É em nós que habitam os meios de consegui-la, não nos lugares nem tampouco nas coisas externas, materiais.

Para dar todo o impulso ao pensamento, dirigindo-o para os objetivos nobres, entre eles, a autoconfiança e o aprimoramento interior, é imperioso desenvolvermos a vontade!

É pela vontade que movimentamos todas as potências internas de nosso ser. Se não houver esse sentimento, ficamos à mercê da estagnação desorganizadora.

Entretanto, há outros fatores preponderantes que deveremos considerar. Martins Peralva em seu livro "Pensamento de Emmanuel", diz que *o processo evolutivo do ser humano, no plano físico e espiritual, obedece, em tese, a quatro fatores essenciais, a saber:*

a)-Compreensão da necessidade de "mudar".

b)-Conjugação da boa-vontade, do esforço e da perseverança.

c)-Firme deliberação de estabilizar a "mudança".

d)-Propósito de não retroceder na atitude mental superior, a fim de que se verticalize, em definitivo, o processo de renovação.(...)

E completa:

"Enquanto o homem não compreender, ele próprio, e sentir a necessidade de "mudar", não sairá das linhas horizontais da acomodação e das promessas."[1]

Para todas estas necessidades (a, c e d) que acabamos de observar informadas por M. Peralva, aliás, de importância capital, a maior de todas é, sem dúvida, a vontade, o querer. Léon Denis assegura que a vontade é a maior de todas as potências; é, em sua ação, comparável ao ímã. A vontade de viver, de desenvolver em nós a vida, atrai-nos novos recursos vitais; tal é o segredo da

---

[1] 5a. edição FEB - 1993 - Páginas: 61 a 62.

lei de evolução. E diz mais, quando assevera que é pela vontade que dirigimos nossos pensamentos para um alvo determinado. Na maior parte dos homens os pensamentos flutuam sem cessar. Sua mobilidade constante e sua variedade infinita pequeno acesso oferecem às influências superiores. É preciso saber concentrar-se, pôr o pensamento acorde com o pensamento divino. Então, a alma humana é fecundada pelo Espírito divino, que a envolve e penetra, tornando-a *apta a realizar nobres tarefas(...)* E conclui: "O princípio de evolução não está na matéria, está na vontade, cuja ação tanto se estende à ordem invisível das coisas como à ordem material e visível. Esta é simplesmente a consequência daquela. O princípio superior, o motor da existência, é a vontade."[1]

Desse modo, observa-se que, depois de pensar, é fundamental querer, ter e manter a vontade em ação, para enfim atingir a mudança. O pensamento necessita de um impulso poderoso. É a vontade esta força impulsionadora capaz de superar obstáculos, vencer multidões e promover no

[1] "O problema do Ser, do Destino e da Dor" - 17a. edição FEB - 1993. Páginas: 312 e 313.

homem a sua transformação e por conseguinte a de sua sociedade.

Todavia, esta potência deve ser sempre controlada pelo pensamento educado, fiscalizado e consciente de sua verdadeira finalidade. Caso contrário, os desejos desregrados, a vontade desequilibrada traz inumeráveis problemas.

Há outros sentimentos aliados à vontade operante: *a consciência e a fé inteligente*. Precisamos estar conscientes, mas convictos e motivados pela vontade sempre firme, embasada na razão para que a transformação interior aconteça em nós.

A cerca da razão, ou seja, da fé que impulsiona a vontade, Emmanuel responde, quando questionado, nestes termos:

"(...) O ato de crer em alguma coisa demanda a necessidade do sentimento e do raciocínio (...). Admitir as afirmativas mais estranhas, sem um exame minucioso, é caminhar para o desfiladeiro do absurdo, onde os fantasmas dogmáticos conduzem as criaturas a todos os despautérios. Mas também interferir nos problemas essenciais da vida, sem que a razão esteja iluminada pelo sentimento, é buscar o mesmo declive onde os fantasmas impiedosos da negação conduzem as almas a muitos crimes.[1]

Allan Kardec, que foi considerado o bom-senso encarnado, tal a pureza e a grandiosidade de seus raciocínios, foi taxativo e cônscio quando afirmou que, o poder da fé tem aplicação direta e especial na ação magnética. Graças a ela, o homem age sobre o fluido, agente universal, modificando-lhe as qualidades e lhe dá um impulso por assim dizer irresistível. Eis porque aquele que alia, a um grande poder fluídico normal, uma fé ardente, pode operar, unicamente pela sua vontade dirigida para o bem, esses estranhos fenômenos de cura e de outra natureza, que antigamente eram considerados prodígios e que, entretanto, não passam de consequências de uma lei natural. Essa a razão por que Jesus disse aos seus apóstolos: *Se não conseguistes curar, foi por causa da vossa pouca fé.*[2]

A caminho desta transformação, primeiro comecemos a pensar melhor, limpando as nossas

---

[1] Trechos da questão 355 do livro "O Consolador", psicografia de Chico Xavier - 16a. edição FEB - 1993.

[2] O Evangelho Segundo o Espiritismo, capítulo XIX, item 5.

mentes de todo e qualquer sentimento contrário ao bem-estar e ao equilíbrio interior.

Lembremo-nos de que a causa de muitos distúrbios psíquicos, de muitos males morais e físicos está na contrariedade e na oposição às leis universais; a felicidade, o bem-estar é a identificação e a aceitação delas. Em outras palavras, é a consciência de nossa natureza íntima, de nossa unidade em Deus, que promove nossa mudança. Isso é o princípio da transformação, pois começamos a descobrir as nossas forças interiores, as nossas possibilidades reais de crescimento.

Jamais nos esqueçamos de que, para vivermos melhor, é indispensável, é impreterível a nossa mudança mental, a nossa transformação interior e a nossa vontade; fora disso é entrarmos no terreno das ilusões que nos mantém acorrentados, *como já vimos*, à ignorância e à inércia, causando-nos sérios prejuízos.

Um dos fatores de grande valor e que contribui para o desenvolvimento de nossas faculdades prodigiosas levando-nos à autoconfiança, é a constante motivação. Isso mesmo!

"A motivação na vida é algo indispensável e benéfico, ainda mais quando esta motivação é por objetivos nobres e importantes. Uma das razões para nos sentirmos sempre motivados na vida, depois de um objetivo alcançado, é sem dúvida, a programação de outro.

Nossa vida torna-se muito mais agradável e proveitosa à medida que procurarmos programar nossos objetivos com inteligência e sensatez, lembrando-nos de que só conseguiremos alcançá-los quando para isso fizermos um planejamento realista e calculado, ou seja, termos objetivos em condições de se realizarem. É muito saudável mantermo-nos sempre lutando por ideais nobres e que nos tragam motivação e desenvolvimento intelectual, material, mas, sobretudo, espiritual. Porém, é preciso também lembrar que necessitamos preservar esse sentimento; aliás, é o novo objetivo que nos renova o estímulo, mantendo-nos fora do comodismo. (...)

Procuremos nunca estar envolvidos em promessas e metas que não saiam senão "da boca para fora".

Entretanto, olhemos para nós mesmos e procuremos nunca estar envolvidos em promessas e metas que não saiam senão "da boca para fora". Assim, para evitar que nossos desejos e objetivos fiquem só em meras conjecturas, procuremos com determinação e vontade ampliar nossa visão sobre os dois lados, ou seja, a visão do ponto de vista do desenvolvimento material, e sobretudo a visão do lado moral (o crescimento interior), pois carecemos muitíssimo desta visão, desta *consciência*.[1]

É a consciência de nossa natureza íntima, de nossa unidade em Deus, que promove nossa mudança.

A este respeito, quem nos relata uma importante declaração é *Léon Denis*.[2]

Antes, ele nos informa que dessa argumentação infere-se, lógica e necessariamente, a de que existe em nós um princípio, uma razão mais profunda que por meio da revelação interior, nos inicia nas verdades e leis do mundo espiritual.

William James faz a mesma afirmação[3], nestes termos:

"(...) Pela comunhão com o invisível, o "eu" finito transforma-se; tornamo-nos homens novos

---

[1] Os Benefícios do Equilíbrio - 2a. edição Nova Luz - 1996 - Páginas: 87, 88 e 94.

[2] O Problema do Ser, do Destino e da Dor - 17a. edição Nova Luz - 1996 - Páginas: 322 e 324.

[3] W. James - L'Expérience Religieuse - Páginas: 421 a 429.

e nossa regeneração, modificando nosso proceder, repercute no mundo material. Como, pois, recusar o nome de realidade ao que produz efeitos no seio de uma outra realidade? Com que direito diriam os filósofos que não é real o mundo invisível?"

A consciência (completa Denis) é não somente a faculdade de perceber, mas também o sentimento que temos de viver, agir, pensar, querer. (...) Então desabrocharão o sentimento e o juízo e a alma compreender-se-á a si mesma; tornar-se-á, ao mesmo tempo, sujeito e objeto. Na multiplicidade e variedade de suas operações mentais terá sempre consciência do que pensa e quer.

Reportemo-nos ao capítulo 2 desta obra e lembremos que seguramente, esta consciência, esta compreensão – que nos possibilita a felicidade interior – não se adquire em prateleiras expostas nas lojas terrenas como sendo mercadorias à venda. Conquistamo-las através dos conhecimentos superiores, da autoconfiança em nós mesmos, à medida que nos esforçamos disciplinadamente para superar, para vencer, libertando-nos da escravidão, da ignorância que inevitavelmente nos acorrentam às sensações falsas e destruidoras.[1]

[3] O Nosso Poder de Criar - Páginas: 29.

Caro leitor, é definitivamente pelo estudo sério e criterioso dos poderes dos pensamentos que vamos alcançar a nossa tão desejada paz interior, a nossa tranquilidade de espírito e, por fim, a nossa autoconfiança que nos fará certamente, homens renovados, participantes efetivos da obra de Deus.

Acreditemos em nós mesmos. Somos filhos de um mesmo Pai. Ele conta com a nossa atuação permanente; haja vista que confiou a nós o poder de pensar, agir e querer; jamais esqueçamos do que afirmou Jesus: "Vós sois deuses". Somos os representantes da Grande Alma Universal.

"Se fizéssemos tudo que somos capazes, literalmente nos assombraríamos." Assim asseverou Thomas A. Edison.

Recordemos, mais uma vez, a firme e verdadeira declaração de Allan Kardec:

"Um pensamento superior, fortemente pensado, permita-se-nos a expressão, pode, pois, conforme a sua força e a sua elevação, tocar de perto ou de longe homens que nenhuma idéia fazem da maneira por que ele lhes chega, do mesmo modo que muitas vezes aquele que o emite não faz idéia do efeito produzido pela sua emissão. (...)

Se se pudesse suspeitar do imenso mecanismo que o pensamento aciona e dos efeitos que ele produz de um indivíduo a outro, de um grupo de seres a outro grupo e, afinal, da ação universal dos pensamentos das criaturas umas sobre as outras, o homem ficaria assombrado!"

Tratemos, pois, de estudar o nosso pensamento, de fiscalizá-lo e aprendamos, sobretudo, a controlá-lo. Eis o primeiro passo em direção aos ideais nobres e elevados.

Cada Ser possui os atributos essenciais da inteligência que o levará, através das existências vividas, ao estado de grandeza espiritual. Entretanto, é progressiva e lenta a ascensão que o leva a Deus; buscamos a paz, a felicidade, as realizações, e, quando não se observam as forças e as leis que regem o Universo, caminhamos por estradas contrárias e difíceis. Todavia, ninguém atingirá o bem-estar duradouro se ignorar os fundamentais caminhos que levam a Ele.

Não raramente, os homens procuram a felicidade onde não está; iludidamente procuram por meios falsos e difíceis, situações que lhes causam decepções e sofrimentos.

Por isso, é imperioso estudar sempre, querer e desenvolver um estado mental elevado.

Léon Denis em "O Problema do Destino e da Dor"[1] mostra-nos a beleza do pensar bem.

Assim, começa ele:

Não é consolador e belo poder dizer:

"Vejo claramente o caminho que se desenrola e que tenho de percorrer. Este caminho atravessa a extensão ilimitada e não tem fim; mas, para guiar-me na Estrada infinita, tenho um guia seguro – a compreensão da lei da vida, progresso e amor que rege todas as coisas; aprendi a conhecer-me, a crer em mim e em Deus. Possuo, pois, a chave de toda elevação e, na vida imensa que tenho diante de mim, conservar-me-ei firme, inabalável na vontade de enobrecer-me e elevar-me, cada vez mais; atrairei, com o auxílio de minha inteligência, que é filha de Deus, todas as riquezas morais e participarei de todas as maravilhas do Cosmo.

Minha vontade chama-me: "Para a frente, sempre para a frente, cada vez mais conhecimento, mais vida, vida divina!" E com ela conquistarei a plenitude da existência, construirei para mim uma personalidade melhor, mais radiosa e amante. Saí para sempre do estado inferior do ser ignorante, inconsciente de seu valor e poder; afirmo-

[1] 17a. edição FEB - 1993 - Páginas, 319 a 320.

me na independência e dignidade de minha consciência e estendo a mão a todos os irmãos, dizendo-lhes:

Despertai de vosso pesado sono; rasgai o véu material que vos envolve, aprendei a conhecer-vos, a conhecer as potências de vossa alma e a utilizá-las. Todas as vozes da Natureza, todas as vozes do Espaço vos bradam: "Levantai-vos e marchai! Apressai-vos para a conquista de vossos destinos!"

Eis o segundo e decisivo passo, *a vontade*, ela nos assegura um caminhar constante até o alvo. Confiemos em nós mesmos e em Deus. Isso fortalecerá a nossa jornada.

Posto isto, lembremo-nos de que a autoconfiança não nos vem, ou melhor, não é conquistada em consequência de nosso nome, de nossa aparência, tampouco em razão da posição social que ocupamos, mas, a autoconfiança é construída através do descobrimento interior, da transformação de nossa conduta moral e mental e pela valorização consciente de nossa unidade em Deus, nosso Pai Criador.

Poderíamos ficar, caríssimo leitor, muito tempo refletindo sobre o assunto, mas estamos nos limites desta obra; contudo, é necessário que seja assim para que possamos guardar com mais facilidade, atenção e carinho um pouco do que aprendemos juntos e com toda certeza haveremos de aprender e edificar com as mudanças que seguramente acontecerão em nós com o estudo cuidadoso dos poderes magníficos do pensamento.

Conheça também do meu autor:

ACREDITE EM SEUS SONHOS

Faça a diferença na vida das pessoas e prospere!

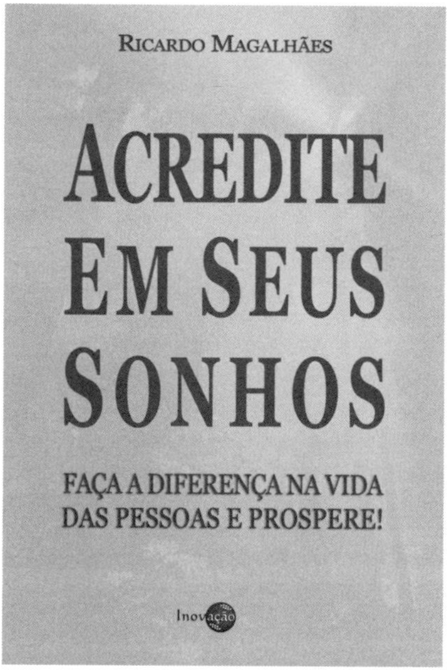

Para ser feliz não basta apenas ter um sonho, uma meta, um ideal. É preciso ter consciência, persistir e acreditar".Conheça, entre tantas, a história de um jovem estudante que foi surpreendido pela nota baixa que recebeu em sua redação sobre "seus sonhos". Quais seriam seus sonhos? Por que tal professor teria dado uma nota tão baixa a esse jovem?"...nunca permita que outras pessoas e fatores externos o impeçam de conquistar os seus ideais e sua felicidade".Acredite em seus sonhos!

Você vai se encantar com o livro, *Você é especial*, do mesmo autor.

Um livro realmente especial e inesquecível. Possui um projeto editorial inovador, totalmente colorido e ilustrado com pinturas encantadoras. Esse livro é repleto de mensagens de motivação e encorajamento, levando, o leitor, a momentos de paz e reflexão.

Um projeto editorial

Inovação

Esta obra foi impressa em São Paulo
pela Prol Gráfica para a Inovação Projetos Editoriais.
A fonte usada no texto foi Goudy Old Style no corpo 14/8/9
O papel de miolo é Off Set 90g e o da capa,
Supremo 250g, ambos da Cia. Suzano.
Este livro possui 114 páginas
Formato fechado: 14 x 21 cm
Entrelinha: 19 - Mancha: 10 x 16